簿記能力検定試験　第 206 回〜第 213 回　過去問題集

基礎簿記会計

JN025553

＜目 次＞

はじめに

　この問題集は，本協会主催の検定試験の過去問題を収録し，作問の先生方による解説をつけて1冊としたものです。

　本書に掲載された過去問題に取り組み，さらに出題範囲に目を通すことで，毎回出題される問題の傾向や形式をつかむことができ，受験される方にも役だてていただけることと思います。

　試験問題対策には，過去の試験で実際に出題された問題を解く「過去問学習」が有効です。収録回数を2年分（8回分）に抑え，その分，丁寧な解説を加えているので反復練習がしやすく，検定試験に合格できるだけの実力を確実に養成できます。
　試験直前の総仕上げや力試しとして，ぜひとも過去問題に取り組んでください。
　本書を有効に活用し，検定試験に合格されることを期待しています。また下位級からステップアップして上位級にチャレンジされることをおすすめします。
　ぜひ，学習教材の1つとしてご活用いただき，1人でも多くの方が見事合格されることを祈ります。

　最後に，本書のためにご多用のところ問題の解答・解説にご尽力いただきました作問の先生方のご支援に厚くお礼申し上げます。

令和6年4月
監修者　公益社団法人　全国経理教育協会

公益社団法人　全国経理教育協会　主催
文　部　科　学　省　後援

簿記能力検定試験について

・試 験 日・試験時間・受 験 料・申込期間・試験会場・合格発表・申込方法・受験要項・出題範囲等

全国経理教育協会ホームページをご覧ください。

全国経理教育協会
ホームページ

受験要項
出題範囲

［受験者への注意］

1．申し込み後の変更，取り消し，返金はできませんのでご注意ください。

2．受験者は，試験開始時間の10分前までに入り，受験票を指定の番号席に置き着席してください。

3．解答用紙の記入にあたっては，黒鉛筆または黒シャープペンを使用してください。

簿記上，本来赤で記入する箇所も黒で記入してください。

4．計算用具（計算機能のみの電卓またはそろばん）を持参してください。

5．試験は，本協会の規定する方法によって行います。

6．試験会場では試験担当者の指示に従ってください。

この試験についての詳細は，本協会又はお近くの本協会加盟校にお尋ねください。

郵便番号　170−0004

東京都豊島区北大塚１丁目13番12号

公益社団法人　全国経理教育協会
helpdesk@zenkei.or.jp

受験番号

解答は，すべて解答用紙に記入して必ず提出してください。

第206回簿記能力検定試験
問題用紙

基礎簿記会計

（令和4年5月29日施行）

問題用紙（計算用紙含）は回収します。持ち帰り厳禁です。

注　意

- ・試験開始の合図があるまで，問題用紙は開かないでください。
- ・この試験の制限時間は1時間30分です。
- ・解答は，問題の指示にしたがい，すべて解答用紙の指定の位置に記入してください。
- ・解答用紙の会場コードは，試験担当者が指示した6桁の数字を頭の0（ゼロ）を含めてすべて書いてください。
  受験番号は右寄せで書いてください。左の空白欄への0（ゼロ）記入は不要です。
  受験番号1番の場合，右寄せで1とだけ書いてください。
  受験番号90001番の場合，右寄せで90001とだけ書いてください。
  受験番号を記入していない場合や，氏名を記入した場合には，採点の対象とならない場合があります。
- ・印刷の汚れや乱丁，筆記用具の不具合などで必要のある場合は，手をあげて試験担当者に合図をしてください。
- ・下敷きは，机の不良などで特に許されたもの以外は使用してはいけません。
- ・計算用具（そろばん・計算機能のみの電卓など）を使用してもかまいません。
- ・解答用紙は，持ち帰りできませんので白紙の場合でも必ず提出してください。
  解答用紙を持ち帰った場合は失格となり，以後の受験をお断りする場合があります。
- **・簿記上本来赤で記入する箇所も黒で記入すること。**
- **・解答は，必ず解答用紙に記入してください。**
- **・金額には3位ごとのカンマ「，」を記入すること。**
  ただし，位取りのけい線のある解答用紙にはカンマを記入しないこと。
  また，カンマ「，」（数字の下側に左向き）と小数点「．」は明確に区別できるようにすること。

主　催　　公益社団法人　全国経理教育協会
後　援　　文　部　科　学　省
　　　　　日　本　簿　記　学　会

第206回簿記能力検定試験問題
基 礎 簿 記 会 計

解答は解答用紙に

第1問 帳簿に記入すべき出来事を簿記会計では"取引"という。次の1～4の出来事の中で簿記上の取引となるものには○，ならないものには×を解答欄に記入しなさい。(12点)

1. 事務所の空調設備取付工事を依頼し，空調設備本体と工事代金の合計見積金額が¥232,000であると連絡を受けた。
2. 営業活動で使用していた配送用自動車（帳簿価額¥45,000）の廃車手続きを行い，処分した。
3. 提案を受けていた新商品の購入を決定し，¥240,000分を注文した。
4. 賃借契約している事務所の家賃（1か月分¥120,000）と駐車場料金（1か月分¥10,000）を普通預金口座からの振込によって支払った。

第2問 次の取引を仕訳しなさい。勘定科目は，下の中から最も適切と思われるものを選ぶこと。(32点)

現　　　　　金	普 通 預 金	売 掛 金	商　　　　　品
貸 付 金	備　　　　　品	買 掛 金	借 入 金
資 本 金	商 品 販 売 益	管 理 費 収 入	受 取 利 息
広 告 費	通 信 費	修 繕 費	支 払 利 息

1. マンション管理組合は，今月分の管理費¥320,000を現金で集金した。
2. マンション管理組合は，現金で集金した管理費の一部¥200,000を普通預金口座に預け入れた。
3. マンション管理組合は，駐輪場の補修のため，修理代金¥80,000を現金で支払った。
4. 美術商を営む東日本商店は，営業資金として現金¥500,000を取引銀行から借り入れた。
5. 東日本商店は，商品として絵画¥40,000を購入し，代金は掛けとした。
6. 東日本商店は，掛けで購入していた商品（絵画）の代金¥40,000を現金で支払った。
7. 東日本商店は，原価¥70,000の商品（掛け軸）を¥130,000で販売し，代金のうち半額を現金で受け取り，残額は掛けとした。
8. 東日本商店は，郵便切手¥16,800を購入し，代金は現金で支払った。

第3問　家具小売業を営む全経商事の次の仕訳帳の記録を，元帳（Tフォーム）に転記しなさい。なお，元帳（Tフォーム）への記入は，日付，摘要，金額を（　　）に記入すること。(16点)

仕　訳　帳　　　　　　　　＜2＞

日付		摘　　要		元丁	借　方	貸　方
3	9	（現　　金）　諸　　口		1	820,000	
		（貸　付　金）		4		800,000
		（受　取　利　息）		12		20,000
		貸付金の回収　　全日本商事				
	12	（水　道　光　熱　費）		24	23,700	
		（現　　金）		1		23,700
		電気料金の支払　　日本電力社				

第4問　バレーボール同好会の次の試算表（現金出納帳と元帳制を採っている）により，会計報告書（報告式）を作成しなさい。(8点)

試　算　表

練 習 場 使 用 料	150,000	前 期 繰 越 金	87,000
大 会 参 加 費	75,000	会 費 収 入	250,000
消 耗 品 費	44,000		
現　　　　金	68,000		
	337,000		337,000

　　　　＊項目（勘定科目）と金額は，問題のために少なくしている。

第5問　家電小売業を営む全経電器の次の元帳残高により，貸借対照表と損益計算書を作成しなさい。(32点)

現　　　　　金	¥ 142,000	普 通 預 金	¥ 509,000	売　　掛　　金	¥ 404,000
商　　　　　品	271,000	貸　付　金	200,000	建　　　　物	600,000
備　　　　　品	82,000	土　　　地	500,000	買　　掛　　金	364,000
借　　入　　金	1,000,000	資　本　金	1,200,000	商 品 販 売 益	923,000
受　取　利　息	6,000	給　　料	438,000	広　　告　　費	163,000
発　　送　　費	56,000	交　通　費	25,000	水 道 光 熱 費	42,000
保　　険　　料	36,000	支 払 利 息	25,000		

※氏名は記入しないこと。

| 会場コード |
| 受験番号 |

全3ページ ①

第206回簿記能力検定試験

基礎簿記会計 解答用紙

【禁無断転載】
得 点

点

制限時間
【1時間30分】

第1問採点

第1問 （12点）

正誤記入欄	1	2	3	4

第2問採点

第2問 （32点）

	借 方		貸 方	
	勘 定 科 目	金 額	勘 定 科 目	金 額
1				
2				
3				
4				
5				
6				
7				
8				

第3問採点

第3問（16点）

現　　　金　　　　　　　　　　　　　　1

3/1　前　月　繰　越　　2,292,000	3/（　）（　　　　　）（　　　　　）
（　）（　　　　　　　）（　　　　　）	

貸　付　金　　　　　　　　　　　　　　4

3/1　前　月　繰　越　　800,000	3/（　）（　　　　　）（　　　　　）

受　取　利　息　　　　　　　　　　　　12

	3/（　）（　　　　　）（　　　　　）

水　道　光　熱　費　　　　　　　　　　24

3/（　）（　　　　　）（　　　　　）	

第4問採点

第4問（8点）

【解答にあたっての注意】　支出項目の配列は試算表の配列によること。

バレーボール同好会会計報告書
自令和3年4月1日　至令和4年3月31日　　　会　長　　大塚　太郎
　　　　　　　　　　　　　　　　　　　　　　会　計　　全経　和子

収入の部：	前　期　繰　越　金	[　　　　　]		[　　　　　　]
	（　　　　　　　）	[　　　　　]	[　　　　]	
支出の部：	（　　　　　　　）	[　　　　　]		
	（　　　　　　　）	[　　　　　]		
	（　　　　　　　）	[　　　　　]	[　　　　]	
	次　期　繰　越　金		[　　　　]	

第5問（32点）

貸　借　対　照　表

全経電器　　　　　　　令和3年12月31日　　　　　　（単位：円）

資　　産	金　額	負債および純資産	金　額
現　　　　　金		買　掛　金	
普　通　預　金		借　入　金	
売　掛　金		資　本　金	
商　　　　品		当　期　純（　　）	
貸　付　金			
建　　　　物			
備　　　　品			
土　　　　地			

損　益　計　算　書

全経電器　　　　令和3年1月1日～令和3年12月31日　　　　（単位：円）

費　　用	金　額	収　　益	金　額
給　　　　料		商品販売益	
広　告　費		受　取　利　息	
発　送　費			
交　通　費			
水　道　光　熱　費			
保　険　料			
支　払　利　息			
当　期　純（　　）			

受験番号

解答は，すべて解答用紙に記入して必ず提出してください。

第207回簿記能力検定試験
問題用紙

基礎簿記会計

（令和４年７月10日施行）

問題用紙（計算用紙含）は回収します。持ち帰り厳禁です。

注　意

- 試験開始の合図があるまで，問題用紙は開かないでください。
- この試験の制限時間は１時間30分です。
- 解答は，問題の指示にしたがい，すべて解答用紙の指定の位置に記入してください。
- 解答用紙の会場コードは，試験担当者が指示した６桁の数字を頭の０（ゼロ）を含めてすべて書いてください。
  受験番号は右寄せで書いてください。左の空白欄への０（ゼロ）記入は不要です。
  受験番号１番の場合，右寄せで１とだけ書いてください。
  受験番号９０００１番の場合，右寄せで９０００１とだけ書いてください。
  受験番号を記入していない場合や，氏名を記入した場合には，採点の対象とならない場合があります。
- 印刷の汚れや乱丁，筆記用具の不具合などで必要のある場合は，手をあげて試験担当者に合図をしてください。
- 下敷きは，机の不良などで特に許されたもの以外は使用してはいけません。
- 計算用具(そろばん・計算機能のみの電卓など)を使用してもかまいません。
- 解答用紙は，持ち帰りできませんので白紙の場合でも必ず提出してください。
  解答用紙を持ち帰った場合は失格となり，以後の受験をお断りする場合があります。
- **簿記上本来赤で記入する箇所も黒で記入すること。**
- **解答は，必ず解答用紙に記入してください。**
- **金額には３位ごとのカンマ「，」を記入すること。**
  ただし，位取りのけい線のある解答用紙にはカンマを記入しないこと。
  また，カンマ「，」（数字の下側に左向き）と小数点「．」は明確に区別できるようにすること。

主　催　　公益社団法人　全国経理教育協会
後　援　　文　部　科　学　省
　　　　　日　本　簿　記　学　会

第207回簿記能力検定試験問題
基 礎 簿 記 会 計

解答は解答用紙に

第1問 次の帳簿記入について述べた文章のうち，正しいものには○，誤っているものには×を解答欄に記入しなさい。(12点)

1．簿記・会計において，帳簿等に金額を書くときには，数値の2桁(位)ごとに，位取りのコンマ（，）を打つ。
2．すでに確認や照合が済んでいる場合や，転記が必要ない場合には，チェックマークと呼ばれる記号（✓）を記入する。
3．資産・負債・純資産（資本）・収益・費用のいずれかが増減変化する事柄を簿記上の取引というが，そのすべてが帳簿記入の対象となるわけではない。
4．仕訳帳から総勘定元帳に転記する際には，仕訳帳の元丁欄に転記した総勘定元帳のページ番号（勘定口座の番号）を記入する。

第2問 次の取引を仕訳しなさい。勘定科目は，下の中から最も適切と思われるものを選ぶこと。(32点)

現　　　　金	普 通 預 金	売 　掛　 金	商　　　　品
貸 　付 　金	土 　　　 地	買 　掛 　金	借 　入 　金
資 　本 　金	商 品 販 売 益	会 費 収 入	受 取 利 息
水 道 光 熱 費	支 払 家 賃	支 払 地 代	支 払 利 息

1．東北町自治会は，町内自治会費￥80,000を現金で集金した。
2．東北町自治会は，賃借している月極駐車場の今月の使用料金￥5,000を現金で支払った。
3．西日本文具店は，自己資金として，現金￥3,000,000を出し（出資し），文具小売業を開業した。
4．西日本文具店は，商品倉庫建設用の土地を購入し，代金￥900,000は現金で支払った。
5．西日本文具店は，商品（ボールペン）を1ダース@￥680で50ダース購入し，代金￥34,000は現金で支払った。
6．西日本文具店は，1ダース@￥680（原価）の商品（ボールペン）10ダースを￥9,700で販売し，代金は掛けとした。
7．先月に商品を販売していた兵庫商店に対する掛け代金￥55,000を，本日，現金で受け取った。
8．大阪商店への貸付金￥300,000が返済され，その利息￥2,000とともに全経銀行の普通預金口座に入金された。

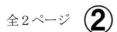

第3問　次の複式記録に関する会計構造式の（　ア　）から（　エ　）の金額を求めなさい。（16点）

期首：期首貸借対照表

資　産	負　債	純資産(資本)
（　ア　）	630,000	310,000

⇩

期中：損益計算書

収　益	費　用	当期純利益
880,000	（　イ　）	（　ウ　）

⇩

期末：期末貸借対照表

資　産	負　債	純資産(資本)
990,000	（　エ　）	470,000

なお，期中に，資本の追加出資や引き出しなど収益費用以外の純資産（資本）の変動はなかった。

第4問　次の現金による取引を現金出納帳に記入するとともに，元帳記入も完成しなさい。（8点）
使用する勘定科目は（　　）で示している。

6月5日　マンションの住民から6月分の管理維持費¥160,000を現金で集金した。（管理費収入）
　　11日　マンション共用部分の電気料金¥42,800を現金で支払った。（水道光熱費）
　　23日　マンションのオートロック玄関の修理代金として¥67,300を現金で支払った。（修繕費）

第5問　衣料品を販売している企業の次の元帳残高により，精算表を作成しなさい。（32点）

【元帳残高】

現　　　　　金	¥ 334,000	普 通 預 金	¥ 738,000	売　掛　金	¥ 411,000
商　　　　　品	155,000	貸　付　金	300,000	車 両 運 搬 具	600,000
備　　　　　品	430,000	買　掛　金	342,000	借　入　金	500,000
資　本　金	2,000,000	商品販売益	1,559,000	受 取 利 息	9,000
給　　　　料	492,000	広　告　費	240,000	通　信　費	124,000
水 道 光 熱 費	96,000	支 払 家 賃	480,000	支 払 利 息	10,000

※氏名は記入しないこと。

会場コード

受験番号

第207回簿記能力検定試験
基 礎 簿 記 会 計 解答用紙

得 点
点

制限時間
【1時間30分】

第1問採点

第1問 (12点)

	1	2	3	4
正誤記入欄				

第2問採点

第2問 (32点)

	借 方		貸 方	
	勘 定 科 目	金 額	勘 定 科 目	金 額
1				
2				
3				
4				
5				
6				
7				
8				

第3問採点

第3問（16点）

（ア）	（イ）	（ウ）	（エ）
¥	¥	¥	¥

第4問採点

第4問（8点）

（　　）には，勘定科目，＜　＞には，丁数，［　　　］には，金額を入れること。

現　金　出　納　帳　　　　　＜9＞

日付		摘　　要	丁数	借方（収入）	貸方（支出）	有高（残高）
		勘　定　科　目				
6	1	前　月　繰　越	✓	389,900		389,900
	5	管理費6月分　（　　　　　）	＜　＞	［　　　　　］		［　　　　　］
	11	電　気　料　金　（　　　　　）	＜　＞		［　　　　　］	［　　　　　］
	23	玄関修理代金　（　　　　　）	＜　＞		［　　　　　］	［　　　　　］

＜1＞　　　　管　理　費　収　入

日付	摘　要	丁数	借　方	日付	摘　要	丁数	貸　方
				6 5	（　　　　　）	＜　＞	［　　　　　］

＜7＞　　　　水　道　光　熱　費

6/11　（　　　　　）＜　＞［　　　　　］

＜10＞　　　　修　繕　費

6/23　（　　　　　）＜　＞［　　　　　］

第5問 （32点）

精　算　表

勘 定 科 目	残 高 試 算 表		損 益 計 算 書		貸 借 対 照 表	
	借　方	貸　方	借　方	貸　方	借　方	貸　方
現　　　　　金						
普 通 預 金						
売 　 掛 　 金						
商　　　　　品						
貸 　 付 　 金						
車 両 運 搬 具						
備　　　　　品						
買 　 掛 　 金						
借 　 入 　 金						
資 　 本 　 金						
商 品 販 売 益						
受 　 取 利 息						
給　　　　　料						
広 　 告 　 費						
通 　 信 　 費						
水 道 光 熱 費						
支 　 払 家 賃						
支 　 払 利 息						
当 期 純 利 益						

受験番号

解答は，すべて解答用紙に記入して必ず提出してください。

第208回簿記能力検定試験
問題用紙

基礎簿記会計

（令和4年11月27日施行）

問題用紙（計算用紙含）は回収します。持ち帰り厳禁です。

注　意

- 試験開始の合図があるまで，問題用紙は開かないでください。
- この試験の制限時間は1時間30分です。
- 解答は，問題の指示にしたがい，すべて解答用紙の指定の位置に記入してください。
- 解答用紙の会場コードは，試験担当者が指示した6桁の数字を頭の0（ゼロ）を含めてすべて書いてください。
  受験番号は右寄せで書いてください。左の空白欄への0（ゼロ）記入は不要です。
  受験番号1番の場合，右寄せで1とだけ書いてください。
  受験番号90001番の場合，右寄せで90001とだけ書いてください。
  受験番号を記入していない場合や，氏名を記入した場合には，採点の対象とならない場合があります。
- 印刷の汚れや乱丁，筆記用具の不具合などで必要のある場合は，手をあげて試験担当者に合図をしてください。
- 下敷きは，机の不良などで特に許されたもの以外は使用してはいけません。
- 計算用具(そろばん・計算機能のみの電卓など)を使用してもかまいません。
- 解答用紙は，持ち帰りできませんので白紙の場合でも必ず提出してください。
  解答用紙を持ち帰った場合は失格となり，以後の受験をお断りする場合があります。
- **簿記上本来赤で記入する箇所も黒で記入すること。**
- **解答は，必ず解答用紙に記入してください。**
- **金額には3位ごとのカンマ「，」を記入すること。**
  ただし，位取りのけい線のある解答用紙にはカンマを記入しないこと。
  また，カンマ「，」（数字の下側に左向き）と小数点「．」は明確に区別できるようにすること。

主　催　　公益社団法人　全国経理教育協会

後　援　　文　部　科　学　省
　　　　　日　本　簿　記　学　会

第208回簿記能力検定試験問題
基 礎 簿 記 会 計

解答は解答用紙に

第1問 次の帳簿記入について述べた文章のうち，正しいものには○，誤っているものには×を解答欄に記入しなさい。（12点）

1．仕訳帳の摘要欄に記入した仕訳の下に書かれる「小書き」は，記帳した取引についての補足説明である。
2．「✓」（チェックマーク）は使用する条件が限られており，仕訳帳や総勘定元帳で使用することはない。
3．総勘定元帳を締め切る際には，各勘定口座の貸借の金額合計を算出し，その金額の下に単線を引く。
4．仕訳帳には取引の仕訳を日付順に記録し，そこで仕訳された各勘定は総勘定元帳に開設した各勘定口座に転記される。

第2問 次の取引を仕訳しなさい。勘定科目は，下の中から最も適切と思われるものを選ぶこと。（32点）

現 金	普 通 預 金	売 掛 金	商 品
貸 付 金	土 地	買 掛 金	借 入 金
資 本 金	商 品 販 売 益	会 費 収 入	受 取 利 息
給 料	水 道 光 熱 費	支 払 家 賃	支 払 利 息

1．関西商店連合会は，会員からの会費として総額¥350,000を現金で受け取った。
2．関西商店連合会は，連合会事務所で保管していた現金¥250,000を普通預金口座に預け入れた。
3．関西商店連合会は，連合会事務所の家賃¥64,000を現金で支払った。
4．家電販売業を営む関東電器店は，商品（プリンター）を1台¥20,000で5台購入し，代金は掛けとした。
5．関東電器店は，原価¥20,000の商品（プリンター）1台を店頭で販売し，代金¥32,800は現金で受け取った。
6．関東電器店は，全経製作所から前月に購入した商品（プロジェクター）の掛け代金¥280,000につき，取引銀行の普通預金口座から全経製作所が指定した銀行口座に振り込み，支払った。
7．関東電器店は，従業員に給料¥80,000を現金で支給した。
8．関東電器店は，借入金に発生した利息¥24,000が取引銀行の普通預金口座から引き落とされた旨の通知を受けた。

第3問　次の複式記録に関する会計構造式の（　ア　）から（　エ　）の金額を求めなさい。（16点）

期首：期首貸借対照表

資　　産	負　　債	純資産(資本)
845,000	224,000	（　ア　）

⇩

期中：損益計算書

収　　益	費　　用	当期純利益
（　イ　）	726,000	（　ウ　）

⇩

期末：期末貸借対照表

資　　産	負　　債	純資産(資本)
（　エ　）	231,000	656,000

　なお，期中に，資本の追加出資や引き出しなど収益費用以外の純資産（資本）の変動はなかった。

第4問　マンション管理組合の次の現金出納帳の記録により，10月の会計報告書（勘定式）を作成しなさい。（8点）

現　金　出　納　帳　　　　　　　　　　＜5＞

日付		摘　　　　要		丁数	借方(収入)	貸方(支出)	有高(残高)
			勘 定 科 目				
10	1	前 月 繰 越		✓	173,600		173,600
	2	清掃用具購入	消 耗 品 費	6		3,400	170,200
	5	管理費集金(10月分)	管 理 費 収 入	1	180,000		350,200
	20	管理人室電話料金(9月)	通 　 信 　 費	5		10,800	339,400
	28	共用水道料金(9月分)	水 道 光 熱 費	8		16,300	323,100
	31	**次 月 繰 越**		✓		323,100	
					353,600	353,600	

第5問　清涼飲料を販売している企業の次の元帳残高により，精算表を作成しなさい。（32点）

【元帳残高】

現　　　　　金	¥ 404,000	普 通 預 金	¥ 784,000	売　　掛　　金	¥ 361,000
商　　　　　品	232,000	貸　付　金	500,000	建　　　　物	850,000
備　　　　　品	295,000	買　掛　金	161,000	借　　入　　金	1,200,000
資　　本　　金	2,000,000	商 品 販 売 益	981,000	受　取　利　息	16,000
給　　　　　料	540,000	通　信　費	112,000	水 道 光 熱 費	64,000
支　払　地　代	36,000	保　険　料	96,000	支　払　利　息	84,000

会場コード					
受験番号					

得　点
点

制限時間
【1時間30分】

第1問採点

第1問（12点）

	1	2	3	4
正誤記入欄				

第2問採点

第2問（32点）

	借　方		貸　方	
	勘定科目	金額	勘定科目	金額
1				
2				
3				
4				
5				
6				
7				
8				

第3問採点

第3問（16点）

（ア）	（イ）	（ウ）	（エ）
¥	¥	¥	¥

第4問採点

第4問（8点）

【解答にあたっての注意】　支出項目の配列は元帳の丁数の順によること。

マンション管理組合会計報告書
令和4年10月1日〜令和4年10月31日　　　　会　長　全経　一郎
会　計　大塚　花子

【支出の部】　　　　　　　　　　　　　　　　　　　　【収入の部】

項　　目	金　額	項　　目	金　額
（　　　　　　　）		前月繰越金	
（　　　　　　　）		（　　　　　　　）	
（　　　　　　　）			
次月繰越金			

第5問（32点）

精　算　表

勘　定　科　目	残　高　試　算　表		損　益　計　算　書		貸　借　対　照　表	
	借　方	貸　方	借　方	貸　方	借　方	貸　方
現　　　金						
普　通　預　金						
売　掛　金						
商　　　品						
貸　付　金						
建　　　物						
備　　　品						
買　掛　金						
借　入　金						
資　本　金						
商　品　販　売　益						
受　取　利　息						
給　　　料						
通　信　費						
水　道　光　熱　費						
支　払　地　代						
保　険　料						
支　払　利　息						
当　期　純　利　益						

受験番号

解答は，すべて解答用紙に記入して必ず提出してください。

第209回簿記能力検定試験
問題用紙

基礎簿記会計

（令和5年2月19日施行）

問題用紙（計算用紙含）は回収します。持ち帰り厳禁です。

注　意

- 試験開始の合図があるまで，問題用紙は開かないでください。
- この試験の制限時間は1時間30分です。
- 解答は，問題の指示にしたがい，すべて解答用紙の指定の位置に記入してください。
- 解答用紙の会場コードは，試験担当者が指示した6桁の数字を頭の0（ゼロ）を含めてすべて書いてください。
  受験番号は右寄せで書いてください。左の空白欄への0（ゼロ）記入は不要です。
  受験番号1番の場合，右寄せで1とだけ書いてください。
  受験番号90001番の場合，右寄せで90001とだけ書いてください。
  受験番号を記入していない場合や，氏名を記入した場合には，採点の対象とならない場合があります。
- 印刷の汚れや乱丁，筆記用具の不具合などで必要のある場合は，手をあげて試験担当者に合図をしてください。
- 下敷きは，机の不良などで特に許されたもの以外は使用してはいけません。
- 計算用具(そろばん・計算機能のみの電卓など)を使用してもかまいません。
- 解答用紙は，持ち帰りできませんので白紙の場合でも必ず提出してください。
  解答用紙を持ち帰った場合は失格となり，以後の受験をお断りする場合があります。
- **簿記上本来赤で記入する箇所も黒で記入すること。**
- **解答は，必ず解答用紙に記入してください。**
- **金額には3位ごとのカンマ「，」を記入すること。**
  ただし，位取りのけい線のある解答用紙にはカンマを記入しないこと。
  また，カンマ「，」（数字の下側に左向き）と小数点「．」は明確に区別できるようにすること。

主　催　公益社団法人　全国経理教育協会

後　援　文　部　科　学　省
　　　　日　本　簿　記　学　会

第209回簿記能力検定試験問題
基礎簿記会計

解答は解答用紙に

第1問 帳簿に記入すべき出来事を簿記会計では"取引"という。次の1～4の出来事の中で簿記上の取引となるものには○，ならないものには×を解答欄に記入しなさい。(12点)

1．駐車場が必要となったため，不動産会社と駐車場（1か月の賃借料¥9,000）の賃貸借契約を結んだ。
2．店舗建物の補修を行うため，工事（見積額¥780,000）を依頼していたが，本日工事が終了し，見積額通りの代金を現金で支払った。
3．火災が発生したため，倉庫として使用していた建物（帳簿価額¥800,000）が焼失した。
4．事務所で使用しているプリンターの入れ替えのため，電器店にプリンター2台（見積額¥168,000）を注文した。

第2問 次の取引を仕訳しなさい。勘定科目は，下の中から最も適切と思われるものを選ぶこと。(32点)

現　　　　金	普 通 預 金	売 　掛　 金	商　　　　品
貸 　付 　金	買 　掛 　金	借 　入 　金	資 　本 　金
商 品 販 売 益	運 送 料 収 入	受 取 利 息	広 　告 　費
通 　信 　費	水 道 光 熱 費	消 耗 品 費	支 払 利 息

1．北西町自治会は，自治会事務所の今月の水道料金¥6,000を現金で支払った。
2．北西町自治会は，自治会で使用する目的で計算機などの文房具¥15,000を購入し，代金は現金で支払った。
3．預け入れている銀行預金（普通預金）に発生した利息¥1,300が，北西町自治会の銀行預金（普通預金）口座に入金された。
4．現金¥2,000,000を出資して，運送業（全経運送）を開業した。
5．全経運送は，配送品の運送代金として現金¥28,000を受け取った。
6．南大塚電器店は，商品（照明器具）を1台¥40,000で5台購入し，代金のうち¥80,000は現金で支払い，残額は掛けとした。
7．南大塚電器店は，原価¥40,000の照明器具2台を¥120,000で販売し，代金は掛けとした。
8．南大塚電器店は，前月に掛けで販売していた商品の代金¥200,000を現金で受け取った。

第3問　インテリア小売業を営む東北商事の次の仕訳帳の記録を，元帳（Tフォーム）に転記しなさい。なお，元帳（Tフォーム）への記入は，日付，摘要，金額を（　　　）に記入すること。（16点）

仕　訳　帳　　　　　　　　＜2＞

日付		摘　　要	元丁	借　方	貸　方
2	4	（商　　品）	6	60,000	
		（買　掛　金）	13		60,000
		102型椅子　　　　　　東海商事			
	10	（支　払　地　代）	28	180,000	
		（現　　金）	1		180,000
		駐車場代1か月分　　　信越不動産			
	15	（買　掛　金）	13	270,000	
		（現　　金）	1		270,000
		1月分　　　　　　　　東海商事			

第4問　ボードゲーム同好会の次の試算表（現金出納帳と元帳制を採っている）により，会計報告書（報告式）を作成しなさい。（8点）

試　算　表

会　場　使　用　料	120,000	前　期　繰　越　金	95,000
用　具　購　入　費	75,000	会　費　収　入	230,000
消　耗　品　費	24,000		
現　　　　　金	106,000		
	325,000		325,000

＊項目（勘定科目）と金額は，問題のために少なくしている。

第5問　日用雑貨小売業を営む全経商店の次の元帳残高により，貸借対照表と損益計算書を作成しなさい。（32点）

現　　　　金	¥ 244,000	普　通　預　金	¥ 663,000	売　　掛　　金	¥ 335,000
商　　　　品	453,000	建　　　　物	1,200,000	車　両　運　搬　具	800,000
備　　　　品	490,000	土　　　　地	900,000	買　　掛　　金	520,000
借　　入　　金	1,500,000	資　　本　　金	3,000,000	商　品　販　売　益	996,000
給　　　　料	391,000	広　　告　　費	192,000	発　　送　　費	135,000
交　　通　　費	114,000	水　道　光　熱　費	76,000	支　払　利　息	23,000

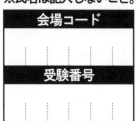

※氏名は記入しないこと。

会場コード

受験番号

【禁無断転載】

第209回簿記能力検定試験

基 礎 簿 記 会 計 解答用紙

得　点
点

制限時間
【1時間30分】

第1問採点

第1問 （12点）

	1	2	3	4
正誤記入欄				

第2問採点

第2問 （32点）

	借　　方		貸　　方	
	勘 定 科 目	金　　額	勘 定 科 目	金　　額
1				
2				
3				
4				
5				
6				
7				
8				

第3問（16点）

現　　　金　　　　　　　　　　　　1

2/ 1　前 月 繰 越　1,146,000	2/（　）（　　　　　）（　　　　）			
	（　）（　　　　　）（　　　　）			

商　　　品　　　　　　　　　　　　6

2/ 1　前 月 繰 越　673,000	
（　）（　　　　　）（　　　　　）	

買　掛　金　　　　　　　　　　　13

2/（　）（　　　　　）（　　　　　）	2/ 1　前 月 繰 越　567,000
	（　）（　　　　　）（　　　　　）

支 払 地 代　　　　　　　　　　28

2/（　）（　　　　　）（　　　　　）

第4問（8点）

【解答にあたっての注意】　支出項目の配列は試算表の配列によること。

ボードゲーム同好会会計報告書
自令和4年1月1日　至令和4年12月31日　　　会　長　大塚　太郎
会　計　全経　和子

収入の部：	前 期 繰 越 金	［　　　　　　　］		
	（　　　　　　　）	［　　　　　　　］	［　　　　　　　］	
支出の部：	（　　　　　　　）	［　　　　　　　］		
	（　　　　　　　）	［　　　　　　　］		
	（　　　　　　　）	［　　　　　　　］	［　　　　　　　］	
	次 期 繰 越 金		［　　　　　　　］	

第5問 (32点)

貸 借 対 照 表

全経商店　　　　　　　　　　　令和4年12月31日　　　　　　　　　（単位：円）

資　　　産	金　額	負債および純資産	金　　　額
現　　　　　金		買　　掛　　金	
普　通　預　金		借　　入　　金	
売　　掛　　金		資　　本　　金	
商　　　　　品		当　期　純（　　）	
建　　　　　物			
車　両　運　搬　具			
備　　　　　品			
土　　　　　地			

損 益 計 算 書

全経商店　　　　　　令和4年1月1日～令和4年12月31日　　　　（単位：円）

費　　　用	金　額	収　　　　　益	金　　　額
給　　　　　料		商　品　販　売　益	
広　　告　　費			
発　　送　　費			
交　　通　　費			
水　道　光　熱　費			
支　払　利　息			
当　期　純（　　）			

37

解答は，すべて解答用紙に記入して必ず提出してください。

第210回簿記能力検定試験
問題用紙

基礎簿記会計

（令和5年5月28日施行）

問題用紙（計算用紙含）は回収します。持ち帰り厳禁です。

注　意

・試験開始の合図があるまで，問題用紙は開かないでください。
・この試験の制限時間は1時間30分です。
・解答は，問題の指示にしたがい，すべて解答用紙の指定の位置に記入してください。
・解答用紙の会場コードは，試験担当者が指示した6桁の数字を頭の0（ゼロ）を含めてすべて書いてください。
　受験番号は右寄せで書いてください。左の空白欄への0（ゼロ）記入は不要です。
　受験番号1番の場合，右寄せで1とだけ書いてください。
　受験番号90001番の場合，右寄せで90001とだけ書いてください。
　受験番号を記入していない場合や，氏名を記入した場合には，採点の対象とならない場合があります。
・印刷の汚れや乱丁，筆記用具の不具合などで必要のある場合は，手をあげて試験担当者に合図をしてください。
・下敷きは，机の不良などで特に許されたもの以外は使用してはいけません。
・計算用具(そろばん・計算機能のみの電卓など)を使用してもかまいません。
・解答用紙は，持ち帰りできませんので白紙の場合でも必ず提出してください。
　解答用紙を持ち帰った場合は失格となり，以後の受験をお断りする場合があります。
・**簿記上本来赤で記入する箇所も黒で記入すること。**
・**解答は，必ず解答用紙に記入してください。**
・**金額には3位ごとのカンマ「，」を記入すること。**
　ただし，位取りのけい線のある解答用紙にはカンマを記入しないこと。
　また，カンマ「，」（数字の下側に左向き）と小数点「．」は明確に区別できるようにすること。

主　催　　公益社団法人　全国経理教育協会
後　援　　文　部　科　学　省
　　　　　日　本　簿　記　学　会

第210回簿記能力検定試験問題
基 礎 簿 記 会 計

解答は解答用紙に

第1問 帳簿に記入すべき出来事を簿記会計では"取引"という。次の1〜4の出来事の中で簿記上の取引となるものには○，ならないものには×を解答欄に記入しなさい。(12点)

1．新規の商品販売契約を締結し，注文を受けていた商品¥200,000分の代金（現金）を受け取り，納品した。
2．在庫が少なくなった商品について，¥150,000分の注文を行ったところ，3日後に発送されるという連絡を受けた。
3．店舗建物の外壁の補修を行うため，補修代金の見積もりを依頼していたところ，総額¥380,000であるという回答を得た。
4．営業用店舗の賃借契約を更新し，家賃¥96,000（1か月分）を現金で支払った。

第2問 次の取引を仕訳しなさい。勘定科目は，下の中から最も適切と思われるものを選ぶこと。(32点)

現　　　　　金	普 通 預 金	売 掛 金	商　　　　　品
貸 付 金	土　　　　　地	買 掛 金	借 入 金
資 本 金	商 品 販 売 益	町 会 費 収 入	給　　　　　料
交 通 費	通 信 費	水 道 光 熱 費	支 払 利 息

1．全経町会は，町会事務所の電話料金¥8,350を現金で支払った。
2．全経町会は，町会長が市役所での町会に関する会合に出席するため，バス運賃¥440（往復）を現金で支払った。
3．全経町会は，現金で保管していた町会費の一部¥60,000を銀行預金（普通預金）に預け入れた。
4．中古車販売を行っている東北商店は，原価¥500,000の商品（軽トラック）を¥880,000で販売し，代金の一部¥600,000は現金で受け取り，残額は掛けとした。
5．東北商店は，商品（小型自動車）¥390,000を購入し，代金は掛けとした。
6．東北商店は，取引銀行から事業用資金¥2,500,000を借り入れ，普通預金口座に入金された。
7．東北商店は，前月，購入していた商品（軽自動車）の掛け代金¥450,000を現金で支払った。
8．東北商店は，事業の拡大に伴い，自動車保管用の駐車場として新たに土地を購入し，代金¥1,600,000を一括して現金で支払った。

第3問　家具販売業を営む九州商店の次の仕訳帳の記録を，元帳に転記しなさい。（16点）

仕　訳　帳　　　　　＜5＞

日付	摘　　要	元丁	借　方	貸　方
4 1	（保　険　料）	35	96,000	
	（現　　金）	1		96,000
	火災保険（1年分）　阿蘇保険（株）			
4	（備　品）	6	195,000	
	（現　　金）	1		195,000
	業務用パソコン　熊本電器（株）			
10	（現　　金）	1	330,000	
	（売　掛　金）	3		330,000
	3月分　　　　（株）南北商会			

第4問　卓球サークルの次の現金出納帳の記録により，3月の会計報告書（勘定式）を作成しなさい。（8点）

現　金　出　納　帳　　　　　＜3＞

日付	摘要	勘定科目	丁数	借方(収入)	貸方(支出)	有高(残高)
3 1	前月繰越		✓	65,500		65,500
2	会費集金（3月分）	会費収入	1	54,000		119,500
5	体育館使用料金	練習場使用料	2		36,000	83,500
17	筆記用具等購入	消耗品費	4		600	82,900
25	地区大会参加費	大会参加費	3		50,000	32,900
31	次月繰越		✓		32,900	
				119,500	119,500	

第5問　美術品を販売している企業の次の元帳残高により，精算表を作成しなさい。（32点）

【元帳残高】

現　金	¥412,000	普通預金	¥948,000	売掛金	¥621,000
商品	438,000	貸付金	320,000	備品	556,000
買掛金	418,000	借入金	800,000	資本金	2,000,000
商品販売益	844,000	受取利息	8,000	給料	420,000
通信費	84,000	水道光熱費	42,000	支払家賃	172,000
保険料	25,000	支払利息	32,000		

41

※氏名は記入しないこと。

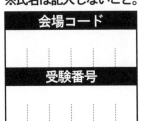

会場コード		

受験番号		

全3ページ ①

第210回簿記能力検定試験

基 礎 簿 記 会 計 解答用紙

【禁無断転載】

得 点
点

制限時間
【1時間30分】

第1問採点

第1問 （12点）

	1	2	3	4
正誤記入欄				

第2問採点

第2問 （32点）

	借 方		貸 方	
	勘 定 科 目	金 額	勘 定 科 目	金 額
1				
2				
3				
4				
5				
6				
7				
8				

第3問 （16点）

【解答にあたっての注意】　（　　　）には勘定科目，＜　　＞には丁数，［　　　］には金額を入れること。

現　　　金　　　　　　　　　　　　　　　　　　＜1＞

日付	摘　要	仕丁	借　方	日付	摘　要	仕丁	貸　方
4　1	前 月 繰 越	✓	2,533,000	4　1	(　　　　)	＜　＞	[　　　]
10	(　　　　)	＜　＞	[　　　]	4	(　　　　)	＜　＞	[　　　]

売　掛　金　　　　　　　　　　　　　　　　　　＜3＞

4/1	前 月 繰 越	✓	712,000	4/10	(　　　)	＜　＞	[　　　]

備　　　品　　　　　　　　　　　　　　　　　　＜6＞

4/4	(　　　　)	＜　＞	[　　　]

保　険　料　　　　　　　　　　　　　　　　　　＜35＞

4/1	(　　　　)	＜　＞	[　　　]

第4問 （8点）

【解答にあたっての注意】　支出項目の配列は元帳の丁数の順によること。

卓 球 サ ー ク ル 会 計 報 告 書
令和5年3月1日～令和5年3月31日

会　長　　全経　花子
会　計　　大塚　一郎

【支 出 の 部】		【収 入 の 部】	
項　　目	金　額	項　　目	金　額
(　　　　　)		前 月 繰 越 金	
(　　　　　)		(　　　　　　　)	
(　　　　　)			
次 月 繰 越 金			

44

第5問（32点）

精　算　表

勘 定 科 目	残 高 試 算 表		損 益 計 算 書		貸 借 対 照 表	
	借　方	貸　方	借　方	貸　方	借　方	貸　方
現　　　　　金						
普 通 預 金						
売 　 掛 　 金						
商　　　　　品						
貸 　 付 　 金						
備　　　　　品						
買 　 掛 　 金						
借 　 入 　 金						
資 　 本 　 金						
商 品 販 売 益						
受 取 利 息						
給　　　　　料						
通 　 信 　 費						
水 道 光 熱 費						
支 払 家 賃						
保 　 険 　 料						
支 払 利 息						
当 期 純 利 益						

解答は，すべて解答用紙に記入して必ず提出してください。

第211回簿記能力検定試験
問題用紙

基礎簿記会計

(令和5年7月9日施行)

問題用紙（計算用紙含）は回収します。持ち帰り厳禁です。

注　意

- 試験開始の合図があるまで，問題用紙は開かないでください。
- この試験の制限時間は1時間30分です。
- 解答は，問題の指示にしたがい，すべて解答用紙の指定の位置に記入してください。
- 解答用紙の会場コードは，試験担当者が指示した6桁の数字を頭の0（ゼロ）を含めてすべて書いてください。
  受験番号は右寄せで書いてください。左の空白欄への0（ゼロ）記入は不要です。
  受験番号1番の場合，右寄せで1とだけ書いてください。
  受験番号90001番の場合，右寄せで90001とだけ書いてください。
  受験番号を記入していない場合や，氏名を記入した場合には，採点の対象とならない場合があります。
- 印刷の汚れや乱丁，筆記用具の不具合などで必要のある場合は，手をあげて試験担当者に合図をしてください。
- 下敷きは，机の不良などで特に許されたもの以外は使用してはいけません。
- 計算用具(そろばん・計算機能のみの電卓など)を使用してもかまいません。
- 解答用紙は，持ち帰りできませんので白紙の場合でも必ず提出してください。
  解答用紙を持ち帰った場合は失格となり，以後の受験をお断りする場合があります。
- **簿記上本来赤で記入する箇所も黒で記入すること。**
- **解答は，必ず解答用紙に記入してください。**
- **金額には3位ごとのカンマ「，」を記入すること。**
  ただし，位取りのけい線のある解答用紙にはカンマを記入しないこと。
  また，カンマ「，」（数字の下側に左向き）と小数点「．」は明確に区別できるようにすること。

主　催　　公益社団法人　全国経理教育協会

後　援　　文　部　科　学　省
　　　　　日　本　簿　記　学　会

第211回簿記能力検定試験問題
基礎簿記会計

解答は解答用紙に

第1問 次の帳簿記入について述べた文章のうち，正しいものには○，誤っているものには×を解答欄に記入しなさい。（12点）

1. 仕訳帳のあるページの記入が終わった際に，記入の終わったページについては，最終行の上に合計線を引いて借方と貸方の合計金額を記入し，摘要欄には「次ページへ」と記入する。
2. 帳簿に記入した金額を訂正する場合には，修正液または修正テープを使用して，誤った元の金額が見えないように訂正しなければならない。
3. 帳簿に日付を記入する際には，月と日を省略することはない。
4. 仕訳帳から総勘定元帳に転記する際には，総勘定元帳の仕丁欄に，その仕訳が記入されている仕訳帳のページ番号を記入する。

第2問 次の取引を仕訳しなさい。勘定科目は，下の中から最も適切と思われるものを選ぶこと。（32点）

現　　　　金	普 通 預 金	売 掛 金	商　　　　品
貸 付 金	車 両 運 搬 具	買 掛 金	借 入 金
資 本 金	商 品 販 売 益	管 理 費 収 入	受 取 利 息
給　　　　料	水 道 光 熱 費	消 耗 品 費	支 払 利 息

1. マンション管理組合は，管理活動に関する支払いなどにあてるため，全経銀行の普通預金口座から現金¥30,000を引き出した（預金をおろした）。
2. マンション管理組合は，清掃用品等の消耗品を購入し，代金¥7,300を現金で支払った。
3. マンション管理組合は，今月分の管理費¥240,000を現金で集金した。
4. 関東自転車店は，千葉商店より商品（マウンテンバイク）を1台¥70,000で4台購入し，代金のうち¥80,000は現金で支払い，残額は掛けとした。
5. 関東自転車店は，1台あたりの原価¥70,000の自転車（マウンテンバイク）を1台¥128,000で販売し，代金は現金で受け取った。
6. 関東自転車店は，得意先のスポーツ施設に対する前月売上分の売掛金¥200,000を，全経銀行の普通預金口座への入金により回収した。
7. 関東自転車店は，営業用軽トラック購入のために取引銀行から借り入れていた借入金¥900,000を，利息¥36,000とともに現金で返済した。
8. 関東自転車店は，従業員に今月分の給料¥220,000を現金で支給した。

第3問　次の複式記録に関する会計構造式の（　ア　）から（　エ　）の金額を求めなさい。（16点）

期首：期首貸借対照表

資　産	負　債	純資産(資本)
892,000	474,000	（　ア　）

⇩

期中：損益計算書

収　益	費　用	当期純利益
718,000	（　イ　）	（　ウ　）

⇩

期末：期末貸借対照表

資　産	負　債	純資産(資本)
（　エ　）	525,000	466,000

なお，期中に，資本の追加出資や引き出しなど収益費用以外の純資産（資本）の変動はなかった。

第4問　次の現金による取引を現金出納帳に記入するとともに，元帳記入も完成しなさい。（12点）
　　　　使用する勘定科目は（　　）で示している。

　6月5日　東西町自治会は，6月分の自治会費¥120,000を現金で集金した。（会費収入）
　　13日　東西町自治会は，会員集会所の窓の修理代金として¥31,500を現金で支払った。（修繕費）
　　17日　東西町自治会は，会員集会所の電話料金¥9,800を現金で支払った。（通信費）

第5問　家電製品販売業を営んでいる全経電器商店の次の元帳残高により，貸借対照表と損益計算書を作成しなさい。（28点）

現　　　　金 ¥ 359,000	普 通 預 金 ¥ 577,000	売 　掛　 金 ¥ 774,000
商　　　　品 251,000	貸 　付 　金 300,000	車 両 運 搬 具 480,000
備　　　　品 370,000	買 　掛 　金 512,000	借 　入 　金 1,000,000
資 　本 　金 1,500,000	商 品 販 売 益 947,000	受 取 利 息 9,000
給　　　　料 517,000	広 　告 　費 116,000	発 　送 　費 88,000
水 道 光 熱 費 64,000	消 耗 品 費 42,000	支 払 利 息 30,000

※氏名は記入しないこと。

会場コード

受験番号

全3ページ ①

第211回簿記能力検定試験

基礎簿記会計 **解答用紙**

【禁無断転載】

得　点
点

制限時間
【1時間30分】

第1問採点

第1問（12点）

	1	2	3	4
正誤記入欄				

第2問採点

第2問（32点）

	借　　方		貸　　方	
	勘　定　科　目	金　　額	勘　定　科　目	金　　額
1				
2				
3				
4				
5				
6				
7				
8				

51

第3問採点

第3問（16点）

（ア）	（イ）	（ウ）	（エ）
¥	¥	¥	¥

第4問採点

第4問（12点）

（　　　　）には勘定科目，＜　＞には丁数，[　　　　]には金額を入れること。

現　金　出　納　帳　　　　　　　＜6＞

日付		摘　　　　要	丁数	借方（収入）	貸方（支出）	有高（残高）
		勘　定　科　目				
6	1	前 月 繰 越	✓	743,500		743,500
	5	自治会費6月分　（　　　　）	＜　＞	[　　　]		[　　　]
	13	窓 修 理 代 金　（　　　　）	＜　＞		[　　　]	[　　　]
	17	集会所電話料金　（　　　　）	＜　＞		[　　　]	[　　　]

＜1＞　　　　　　　　会　費　収　入

日付	摘　　要	丁数	借　方	日付	摘　　要	丁数	貸　方
				6 5	（　　　　）	＜　＞	[　　　]

＜4＞　　　　　　　　通　信　費

6/17 （　　　　）＜　＞ [　　　]

＜7＞　　　　　　　　修　繕　費

6/13 （　　　　）＜　＞ [　　　]

第5問（28点）

貸 借 対 照 表

全経電器商店　　　　　　　令和4年12月31日　　　　　　（単位：円）

資　　　産	金　　額	負債および純資産	金　　額
現　　　　　　金		買　　掛　　金	
普　通　預　金		借　　入　　金	
売　　掛　　金		資　　本　　金	
商　　　　　　品		当 期 純 （　　　）	
貸　　付　　金			
車 両 運 搬 具			
備　　　　　　品			

損 益 計 算 書

全経電器商店　　　　　令和4年1月1日～令和4年12月31日　　　（単位：円）

費　　　用	金　　額	収　　益	金　　額
給　　　　　料		商 品 販 売 益	
広　　告　　費		受 取 利 息	
発　　送　　費			
水 道 光 熱 費			
消　耗　品　費			
支　払　利　息			
当 期 純 （　　　）			

受験番号

解答は，すべて解答用紙に記入して必ず提出してください。

第212回簿記能力検定試験
問題用紙

基礎簿記会計

（令和5年11月26日施行）

問題用紙（計算用紙含）は回収します。持ち帰り厳禁です。

主　催　　公益社団法人　全国経理教育協会
後　援　　文　部　科　学　省
　　　　　日　本　簿　記　学　会

第212回簿記能力検定試験問題
基 礎 簿 記 会 計

解答は解答用紙に

第1問　次の帳簿および帳簿記入について述べた文章のうち，正しいものには○，誤っているものには×を解答欄に記入しなさい。（12点）

1．取引の証拠となる領収書やそれを記録した帳簿などは，決算手続きが終了すれば不要になるため，保管する必要はない。

2．総勘定元帳の現金勘定において，期末の日付とともに次期繰越とその金額を記入する際，仕丁欄には「✓」（チェックマーク）を記入する。

3．企業の経済活動を二面的に記録する複式簿記は，取引を仕訳帳に記入するための技術であり，仕訳帳と他の帳簿との間に関連性はない。

4．帳簿の金額欄において，合計額または差し引き額を計算する場合には，計算に含める最後の金額の下に単線を引き，その下に計算結果である金額を記入する。

第2問　次の取引を仕訳しなさい。勘定科目は，下の中から最も適切と思われるものを選ぶこと。（32点）

現 金	普 通 預 金	売 掛 金	商 品
貸 付 金	備 品	買 掛 金	借 入 金
資 本 金	商 品 販 売 益	会 費 収 入	給 料
水 道 光 熱 費	修 繕 費	支 払 家 賃	支 払 利 息

1．中央商店連合会は，会員から今月分の会費￥380,000を現金で集金した。

2．中央商店連合会は，賃借している事務所の今月分の家賃￥65,000を現金で支払った。

3．中央商店連合会の事務所で保管していた会費のうち，現金￥250,000を普通預金口座に預け入れた（入金した）。

4．現金￥2,000,000を出資して，宝石や装飾品を売買する西南宝飾店を開業した。

5．西南宝飾店は，商品（ブローチ）を1個￥15,000で10個購入し，代金のうち￥50,000は現金で支払い，残額は掛けとした。

6．西南宝飾店は，原価1個￥15,000の商品（ブローチ）を1個￥20,000で2個販売し，代金は掛けとした。

7．西南宝飾店は，銀行預金の通帳記入を行ったところ，本日，店舗の電気料金￥12,400が普通預金口座から引き落とされている（支払われている）ことを確認した。

8．西南宝飾店は，先月購入していた商品（ルビー指輪）の掛代金￥160,000を現金で支払った。

第3問 印刷業を営む宮城印刷の次の仕訳帳の記録を，元帳に転記しなさい。（16点）

仕　訳　帳　　　　　　＜10＞

日付	摘　　要	元丁	借　方	貸　方
10 5	（現　　金）	1	398,000	
	（売　掛　金）	3		398,000
	9月分　　（株）気仙沼商事			
7	（備　　品）	6	205,000	
	（現　　金）	1		205,000
	事務用書類整理棚　仙台機器（株）			
11	（通　信　費）	24	32,600	
	（現　　金）	1		32,600
	9月分　　（株）東北電信電話			

第4問 バスケットボールサークルの次の試算表（現金出納帳と元帳制を採っている）により，会計報告書（報告式）を作成しなさい。（8点）

試　算　表

練習場使用料	240,000	前期繰越金	238,300
大会参加費	60,000	会費収入	310,000
消耗品費	17,500		
現金	230,800		
	548,300		548,300

第5問 雑貨小売業を営んでいる全経商店の次の元帳残高により，貸借対照表と損益計算書を作成しなさい。（32点）

現金 ¥ 182,000	普通預金 ¥ 410,000	売掛金 ¥ 390,000
商品 252,000	貸付金 150,000	建物 750,000
備品 145,000	土地 800,000	買掛金 276,000
借入金 1,200,000	資本金 1,500,000	商品販売益 935,000
受取利息 3,000	給料 418,000	広告費 232,000
発送費 36,000	交通費 35,000	水道光熱費 44,000
保険料 48,000	支払利息 22,000	

会場コード

受験番号

第212回簿記能力検定試験
基礎簿記会計 解答用紙

得　点
点

制限時間
【1時間30分】

第1問採点

第1問（12点）

	1	2	3	4
正誤記入欄				

第2問採点

第2問（32点）

	借　　　方		貸　　　方	
	勘　定　科　目	金　　額	勘　定　科　目	金　　額
1				
2				
3				
4				
5				
6				
7				
8				

第3問（16点）

【解答にあたっての注意】　（　　　）には勘定科目，＜　　＞には丁数，［　　　　］には金額を入れること。

現　　　金　　　　　　　　　　　＜1＞

日付		摘　　要	仕丁	借　　方	日付		摘　　要	仕丁	貸　　方
10	1	前　月　繰　越	✔	1,802,000	10	7	（　　　　　）	＜　＞	［　　　　］
	5	（　　　　　）	＜　＞	［　　　　　］		11	（　　　　　）	＜　＞	［　　　　］

売　　掛　　金　　　　　　　　　　＜3＞

10/1	前　月　繰　越	✔	815,000	10/5	（　　　　　）	＜　＞	［　　　　］	

備　　　品　　　　　　　　　　　　＜6＞

10/7	（　　　　　）	＜　＞	［　　　　　］	

通　　信　　費　　　　　　　　　　＜24＞

10/11	（　　　　　）	＜　＞	［　　　　　］	

第4問（8点）

【解答にあたっての注意】　支出項目の配列は試算表の配列によること。

バスケットボールサークル会計報告書

自令和4年4月1日　至令和5年3月31日

　　　　　　　　　　　　　　　　　　　　　　　会　長　　大塚　太郎
　　　　　　　　　　　　　　　　　　　　　　　会　計　　全経　和子

収入の部：	前　期　繰　越　金	［　　　　　　］	
	（　　　　　　　　　）	［　　　　　　］	［　　　　　　　　］
支出の部：	（　　　　　　　　　）	［　　　　　　］	
	（　　　　　　　　　）	［　　　　　　］	
	（　　　　　　　　　）	［　　　　　　］	［　　　　　　　　］
次　期　繰　越　金			［　　　　　　　　］

第5問（32点）

貸　借　対　照　表

全経商店　　　　　　　　　　令和4年12月31日　　　　　　　（単位：円）

資　　産	金　額	負債および純資産	金　額
現　　　　　金		買　掛　　金	
普　通　預　金		借　入　　金	
売　　掛　　金		資　本　　金	
商　　　　　品		当　期　純（　　）	
貸　　付　　金			
建　　　　　物			
備　　　　　品			
土　　　　　地			

損　益　計　算　書

全経商店　　　令和4年1月1日～令和4年12月31日　　　（単位：円）

費　　用	金　額	収　　益	金　額
給　　　　　料		商　品　販　売　益	
広　　告　　費		受　取　利　息	
発　　送　　費			
交　　通　　費			
水　道　光　熱　費			
保　　険　　料			
支　払　利　息			
当　期　純（　　）			

解答は，すべて解答用紙に記入して必ず提出してください。

第213回簿記能力検定試験
問題用紙

基礎簿記会計

（令和6年2月18日施行）

問題用紙（計算用紙含）は回収します。持ち帰り厳禁です。

注　意

- 試験開始の合図があるまで，問題用紙は開かないでください。
- この試験の制限時間は1時間30分です。
- 解答は，問題の指示にしたがい，すべて解答用紙の指定の位置に記入してください。
- 解答用紙の会場コードは，試験担当者が指示した6桁の数字を頭の0（ゼロ）を含めてすべて書いてください。
  受験番号は右寄せで書いてください。左の空白欄への0（ゼロ）記入は不要です。
  受験番号1番の場合，右寄せで1とだけ書いてください。
  受験番号90001番の場合，右寄せで90001とだけ書いてください。
  受験番号を記入していない場合や，氏名を記入した場合には，採点の対象とならない場合があります。
- 印刷の汚れや乱丁，筆記用具の不具合などで必要のある場合は，手をあげて試験担当者に合図をしてください。
- 下敷きは，机の不良などで特に許されたもの以外は使用してはいけません。
- 計算用具(そろばん・計算機能のみの電卓など)を使用してもかまいません。
- 解答用紙は，持ち帰りできませんので白紙の場合でも必ず提出してください。
  解答用紙を持ち帰った場合は失格となり，以後の受験をお断りする場合があります。
- **簿記上本来赤で記入する箇所も黒で記入すること。**
- **解答は，必ず解答用紙に記入してください。**
- **金額には3位ごとのカンマ「，」を記入すること。**
  ただし，位取りのけい線のある解答用紙にはカンマを記入しないこと。
  また，カンマ「，」（数字の下側に左向き）と小数点「．」は明確に区別できるようにすること。

主　催　　公益社団法人　全国経理教育協会

後　援　　文　部　科　学　省
　　　　　日　本　簿　記　学　会

第213回簿記能力検定試験問題
基 礎 簿 記 会 計

解答は解答用紙に

第1問 帳簿に記入すべき出来事を簿記会計では"取引"という。次の1～4の出来事の中で簿記上の取引となるものには○，ならないものには×を解答欄に記入しなさい。（12点）

1．自社ビルの修繕にあたり，その修繕工事（修繕費の予算￥600,000）をビルメンテナンス会社に依頼した。
2．新店舗開店の広告を行うため，広告代理店と広告契約（契約金額￥250,000）を結んだ。
3．倉庫に保管していた商品（原価￥40,000）の劣化が判明したため，これを廃棄した。
4．新たに不動産会社と駐車場の賃貸借契約を結び，今月分の駐車料金￥18,000を現金で支払った。

第2問 次の取引を仕訳しなさい。勘定科目は，下の中から最も適切と思われるものを選ぶこと。（32点）

現　　　金	普 通 預 金	売 掛 金	商　　　品
貸 付 金	土　　　地	買 掛 金	借 入 金
資 本 金	商 品 販 売 益	運 送 料 収 入	受 取 利 息
通 信 費	水 道 光 熱 費	修 繕 費	支 払 利 息

1．町内会事務所の壁のひび割れの補修を行い，代金￥89,000を現金で支払った。
2．町内会事務所の今月の電話料金￥6,300を現金で支払った。
3．町内会で預け入れている銀行預金（普通預金）に発生した利息￥4,200が，同預金口座に入金された。
4．運送業を営んでいる新大塚運送は，配送品の運送代金として現金￥50,000を受け取った。
5．東北商店は，1台￥70,000の商品（液晶テレビ）を10台購入し，その代金は掛けとした。
6．東北商店は，液晶テレビ3台（原価@￥70,000）を￥250,000で販売し，代金のうち￥50,000は現金で受け取り，残額は掛けとした。
7．東北商店は，前月に掛けで販売していた商品の代金￥150,000を普通預金口座への入金により回収した。
8．東北商店は，取引先北海道商店へ￥500,000を貸し付け，全経銀行の普通預金口座から北海道商店の普通預金口座に振り込んだ。

第3問　次の複式記録に関する会計構造式の（　ア　）から（　エ　）の金額を求めなさい。（16点）

期首：期首貸借対照表

資　産	負　債	純資産(資本)
728,000	（　ア　）	483,000

⇩

期中：損益計算書

収　益	費　用	当期純利益
（　イ　）	660,000	79,000

⇩

期末：期末貸借対照表

資　産	負　債	純資産(資本)
（　ウ　）	322,000	（　エ　）

なお，期中に，資本の追加出資や引き出しなど収益費用以外の純資産（資本）の変動はなかった。

第4問　将棋同好会の次の現金出納帳の記録により，12月の会計報告書（勘定式）を作成しなさい。（8点）

現　金　出　納　帳　　　　　　　　　　＜7＞

日付		摘　　　　要	勘　定　科　目	丁数	借方(収入)	貸方(支出)	有高(残高)
12	1	前 月 繰 越		✓	224,100		224,100
	2	将棋盤購入	用 具 購 入 費	3		19,000	205,100
	5	会費集金(12月分)	会 費 収 入	1	42,000		247,100
	20	会議室利用料金	会 場 使 用 料	2		12,800	234,300
	23	記録用ノート購入	消 耗 品 費	4		1,300	233,000
	31	**次 月 繰 越**		✓		**233,000**	
					266,100	266,100	

第5問　インテリア雑貨を販売している企業の次の元帳残高により，精算表を作成しなさい。（32点）

【元帳残高】

現　　　　　金	¥ 293,000	普 通 預 金	¥ 570,000	売 　掛　 金	¥ 484,000
商　　　　　品	719,000	貸 付 金	300,000	車 両 運 搬 具	400,000
備　　　　　品	392,000	買 掛 金	275,000	借 　入　 金	800,000
資 　本　 金	2,000,000	商 品 販 売 益	860,000	受 取 利 息	9,000
給　　　　　料	326,000	通 信 費	97,000	水 道 光 熱 費	51,000
支 払 家 賃	240,000	保 険 料	48,000	支 払 利 息	24,000

※氏名は記入しないこと。

会場コード

受験番号

第213回簿記能力検定試験

基 礎 簿 記 会 計 解答用紙

得 点
点

制限時間
【1時間30分】

第1問採点

第1問 (12点)

正誤記入欄	1	2	3	4

第2問採点

第2問 (32点)

	借　　　方		貸　　　方	
	勘 定 科 目	金　　額	勘 定 科 目	金　　額
1				
2				
3				
4				
5				
6				
7				
8				

第3問（16点）

（ア）	（イ）	（ウ）	（エ）
¥	¥	¥	¥

第4問（8点）

【解答にあたっての注意】　支出項目の配列は元帳の丁数の順によること。

将 棋 同 好 会 会 計 報 告 書
令和5年12月1日～令和5年12月31日

会　長　　全経　一郎
会　計　　大塚　花子

【 支 出 の 部 】　　　　　　　　　　　　　　　　　　　【 収 入 の 部 】

項　　　　　目	金　　額	項　　　　　目	金　　額
（　　　　　　　　　）		前 月 繰 越 金	
（　　　　　　　　　）		（　　　　　　　　　　　）	
（　　　　　　　　　）			
次　月　繰　越　金			

第5問（32点）

精　算　表

勘 定 科 目	残 高 試 算 表		損 益 計 算 書		貸 借 対 照 表	
	借 方	貸 方	借 方	貸 方	借 方	貸 方
現　　　　　金						
普 通 預 金						
売 掛 金						
商　　　　品						
貸 付 金						
車 両 運 搬 具						
備　　　　品						
買 掛 金						
借 入 金						
資 本 金						
商 品 販 売 益						
受 取 利 息						
給　　　　料						
通 信 費						
水 道 光 熱 費						
支 払 家 賃						
保 険 料						
支 払 利 息						
当 期 純 利 益						

簿記能力検定試験

標 準 解 答・解 説

公益社団法人 **全国経理教育協会**

第206回簿記能力検定試験
基礎簿記会計 解答

第1問（12点）　　　　　　　　　　　　　　　　　　　　@3点×4＝12点

	1	2	3	4
正誤記入欄	×	○	×	○

第2問（32点）　　　　　　　　　　　　　　　　　　　　@4点×8＝32点

	借 方		貸 方	
	勘 定 科 目	金 額	勘 定 科 目	金 額
1	現　　　金	320,000	管 理 費 収 入	320,000
2	普 通 預 金	200,000	現　　　金	200,000
3	修 繕 費	80,000	現　　　金	80,000
4	現　　　金	500,000	借 入 金	500,000
5	商　　　品	40,000	買 掛 金	40,000
6	買 掛 金	40,000	現　　　金	40,000
7	現　　　金 売 掛 金	65,000 65,000	商　　　品 商 品 販 売 益	70,000 60,000
8	通 信 費	16,800	現　　　金	16,800

第3問（16点）

●印@4点×4＝16点

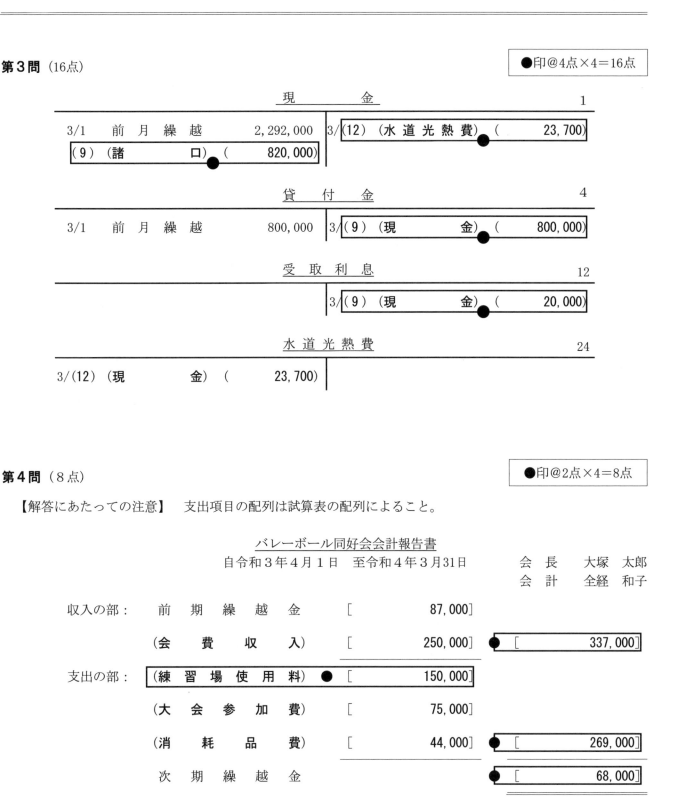

	現 金		1
3/1　前 月 繰 越　2,292,000	3/(12)（水 道 光 熱 費）（　23,700）		
(9)（諸　口）（　820,000）			

	貸 付 金		4
3/1　前 月 繰 越　800,000	3/(9)（現 金）（　800,000）		

	受 取 利 息		12
	3/(9)（現 金）（　20,000）		

	水 道 光 熱 費		24
3/(12)（現 金）（　23,700）			

第4問（8点）

●印@2点×4＝8点

【解答にあたっての注意】　支出項目の配列は試算表の配列によること。

バレーボール同好会会計報告書
自令和3年4月1日　至令和4年3月31日

会 長　大塚 太郎
会 計　全経 和子

収入の部：	前 期 繰 越 金	[　87,000]	
	（会 費 収 入）	[　250,000]	[　337,000]
支出の部：	（練 習 場 使 用 料） ●	[　150,000]	
	（大 会 参 加 費）	[　75,000]	
	（消 耗 品 費）	[　44,000]	[　269,000]
	次 期 繰 越 金		[　68,000]

第5問（32点）

●印＠4点×8＝32点

貸　借　対　照　表

全経電器　　　　　　　　令和3年12月31日　　　　　　（単位：円）

資　　　　産	金　　額	負債および純資産	金　　額
現　　　　　　　金	142,000	買　　掛　　金	364,000
普　通　預　金	509,000	借　　入　　金	1,000,000
売　　掛　　金●	404,000	資　　本　　金●	1,200,000
商　　　　　　　品	271,000	当　期　純（利　益）	144,000
貸　　付　　金	200,000		
建　　　　　　　物	600,000		
備　　　　　　　品●	82,000		
土　　　　　　　地	500,000		
	2,708,000	●	2,708,000

損　益　計　算　書

全経電器　　　　　令和3年1月1日～令和3年12月31日　　　　（単位：円）

費　　　　用	金　　額	収　　　　益	金　　額
給　　　　　　　料●	438,000	商　品　販　売　益	923,000
広　　告　　費	163,000	受　取　利　息	6,000
発　　送　　費	56,000		
交　　通　　費	25,000		
水　道　光　熱　費	42,000		
保　　険　　料●	36,000		
支　　払　　利　　息	25,000		
当　期　純（利　益）●	144,000		
	929,000	●	929,000

第1問＜帳簿記入についての出題＞

記帳の対象となる取引（帳簿に記入すべき出来事）の理解を確認するため，簿記上の取引を判断する問題である。ポイントは，記帳の対象である資産，負債，純資産（資本），収益，費用のいずれかが増減変化しているかを判断することにある。

1．事務所の空調設備の購入とその設置工事にかかわる見積額が判明したが，まだ空調設備が設置されておらず，また工事も行われていないため，記帳の対象ではなく，簿記上の取引ではない。

2．帳簿価額（帳簿上の価値）がある配送用自動車を廃車処分することによって，車両運搬具（資産）が減少したため，記帳の対象であり，簿記上の取引である。

3．商品の購入注文を行ったが，商品は手元になく，また支払も行われていないため，記帳の対象ではなく，簿記上の取引ではない。

4．事務所の家賃と駐車場料金を現金で支払ったため，支払家賃（費用）と支払地代（費用）が発生し，また現金（資産）が減少したため，記帳の対象であり，簿記上の取引である。

第2問＜簿記の出発点である仕訳（複式記録）を問う出題＞

取引によって増減変化した資産，負債，純資産（資本），収益，費用について，適切な勘定科目を選択肢，正しい金額と共に仕訳できるかが問われている。

1．管理費を集金したことによる管理費収入（収益）の発生は，貸方に記入する。管理費は現金で集金されたため，その現金（資産）の増加は借方に記入する。

2．保有していた現金を銀行預金（普通預金）に預け入れたことによる現金（資産）の減少は，貸方に記入する。その預け入れ（入金）で銀行預金（普通預金）が増加するので，その普通預金（資産）の増加は借方に記入する。

3．駐輪場を修理したことによる修繕費（費用）の発生は，借方に記入する。その代金は現金で支払ったため，その現金（資産）の減少は貸方に記入する。

4．取引銀行からの借入による借入金（負債）が増加し，貸方に記入する。借り入れた資金は現金で受け取ったため，その現金（資産）の増加は借方に記入する。

5．商品（絵画）を購入したことによる商品（資産）の増加は，借方に記入する。その商品代金は掛けとした，すなわち後払いとしたため，その債務を表す買掛金（負債）の増加は貸方に記入する。

6．後払いで購入した商品の代金の支払いによる買掛金（負債）の減少は，借方に記入する。その支払いは現金で行ったため，その現金（資産）の減少は，貸方に記入する。

7．商品を引き渡したことによる商品（資産）の減少は，原価で貸方に記入する。その対価として受け取った現金（資産）の増加と，後で支払いを受ける債権である売掛金（資産）の増加は，借方に記入する。そして，販売した商品の原価と売価の差額は，商品販売益（収益）の発生であり，貸方に記入する。

8．郵便切手の購入により通信費（費用）が発生し，借方に記入する。その代金は現金で支払ったため，その現金（資産）の減少は貸方に記入する。

第3問＜日記帳から元帳への転記に関する出題＞

　本問では，日記帳としての仕訳帳に記入されている取引を，勘定科目がまとめられている元帳へ転記するという手続きが問われている。その形式は仕訳帳の記入から元帳（簡略化されたTフォーム形式）への転記である。

　解答手順は，まず仕訳帳に日付順に記帳された勘定科目について，元帳の当該勘定口座に記入する。記帳方法は，勘定口座の仕訳帳で仕訳された側（借方または貸方）に，日付，相手勘定科目，金額を記入する。

　例えば，本問の３月９日では，仕訳帳1行目の借方（現金）は，現金の勘定口座に記入する。仕訳帳で借方に記入されているので，勘定口座の借方に３月９日（日付），諸口（相手勘定科目），820,000（金額）を記入する。なお，この「（現金）820,000」の相手勘定科目は（貸付金）と（受取利息）の2つであるために，「諸口」と記入することになっている。

第4問＜会計報告書（収支計算）の作成に関する出題＞

　会計期間の収支計算を示すことによって会計報告とする場合には，前期繰越金から出発し，期中の活動による変動を経て，次期繰越金に至る過程を示す会計報告書を作成する。

　本問は，一会計期間の会計記録をまとめた試算表を資料としてバレーボール同好会の会計報告書（報告式）を作成する。解答用紙の収入の部と支出の部の記入に誤りがないように，また【解答にあたっての注意】にあるように，支出項目の配列は試算表の配列によることに注意して記入する。一番右側には，収入の部と支出の部のそれぞれの合計金額を記入し，収入合計額から支出合計額を差し引いて次期繰越金を記入する。

第5問＜会計報告書（損益計算）の作成に関する出題＞

　期間損益計算を行う営利企業を対象とする会計報告は，期末の財政状態を示す貸借対照表と，当期の経営成績を示す損益計算書の2つの会計報告書を作成することによって行われる。

　本問は，与えられた元帳の各勘定科目の残高から貸借対照表と損益計算書を作成することができるかが問われている。解答用紙に勘定科目があらかじめ記入されているので，作成に際しては，各勘定科目の残高を誤らないように記入する。そのうえで貸借対照表と損益計算書の同額の当期純利益が算出できることを確認する。また各欄の合計金額が一致していることを確認する。

第207回簿記能力検定試験
基礎簿記会計 解答

得点 点

制限時間【1時間30分】

※氏名は記入しないこと。
会場コード / 受験番号

第1問（12点）　@3点×4＝12点

正誤記入欄	1	2	3	4
	×	○	×	○

第2問（32点）　@4点×8＝32点

	借方 勘定科目	金額	貸方 勘定科目	金額
1	現金	80,000	会費収入	80,000
2	支払地代	5,000	現金	5,000
3	現金	3,000,000	資本金	3,000,000
4	土地	900,000	現金	900,000
5	商品	34,000	現金	34,000
6	売掛金	9,700	商品 / 商品販売益	6,800 / 2,900
7	現金	55,000	売掛金	55,000
8	普通預金	302,000	貸付金 / 受取利息	300,000 / 2,000

第3問（16点）

@4点×4＝16点

（ア）	（イ）	（ウ）	（エ）
￥ 940,000	￥ 720,000	￥ 160,000	￥ 520,000

第4問（8点）

●印@2点×4＝8点

（　　　）には，勘定科目，＜　＞には，丁数，［　　　］には，金額を入れること。

現　金　出　納　帳　　　　　　　　　　＜9＞

日付	摘　要／勘定科目	丁数	借方（収入）	貸方（支出）	有高（残高）
6　1	前 月 繰 越	✓	389,900		389,900
5	管理費6月分　（管理費収入）	＜1＞	［ 160,000］		［ 549,900］
11	電 気 料 金　（水道光熱費）	＜7＞	●	［ 42,800］	［ 507,100］
23	玄関修理代金　（修　繕　費）	＜10＞		［ 67,300］	［● 439,800］

＜1＞　　　　　　　　　管　理　費　収　入

日付	摘　要	丁数	借　方	日付	摘　要	丁数	貸　方
				6　5	（現　　　　　金）	＜9＞	［ 160,000］●

＜7＞　　　　　　　　　水　道　光　熱　費

6/11	（現　　　　　金）	＜9＞	［ 42,800］

＜10＞　　　　　　　　修　繕　費

6/23	（現　　　　　金）	＜9＞	［ 67,300］●

第5問（32点）　　　　　　　　　　　　　　　　●印@4点×8＝32点

精　算　表

勘 定 科 目	残高試算表 借方	残高試算表 貸方	損益計算書 借方	損益計算書 貸方	貸借対照表 借方	貸借対照表 貸方
現 金	334,000				334,000	
普 通 預 金	738,000				738,000	
売 掛 金	411,000				411,000	
商 品	155,000				155,000	
貸 付 金	300,000				300,000	
車 両 運 搬 具	600,000				●600,000	
備 品	430,000				430,000	
買 掛 金		342,000				342,000
借 入 金		500,000				●500,000
資 本 金		2,000,000				2,000,000
商 品 販 売 益		1,559,000		●1,559,000		
受 取 利 息		9,000		9,000		
給 料	492,000		492,000			
広 告 費	240,000		●240,000			
通 信 費	124,000		124,000			
水 道 光 熱 費	96,000		96,000			
支 払 家 賃	480,000		●480,000			
支 払 利 息	10,000		10,000			
当 期 純 利 益			●126,000			126,000
	●4,410,000	4,410,000	1,568,000	1,568,000	●2,968,000	2,968,000

第1問＜帳簿の作成記入に関する出題＞

　本問では，帳簿の作成記入に関する基礎知識を出題した。帳簿は，取引の証拠として一定のルールに則って作成される。これらのルールを文章の正誤判断により問うている。

　　１．簿記・会計において，帳簿等に金額を書くときには，数値の３桁(位)ごとに，位取りのコンマ（，）を打つ。

　　２．すでに確認や照合が済んでいる場合や，転記が必要ない場合には，チェックマークと呼ばれる記号（ ✓ ）を記入する。

　　３．資産・負債・純資産（資本）・費用・収益のいずれかが増減変化する事柄を簿記上の取引といい，そのすべてが帳簿記入の対象となる。

　　４．仕訳帳から総勘定元帳に転記する際には，仕訳帳の元丁欄に転記した総勘定元帳のページ番号（勘定口座の番号）を記入する。

第2問＜簿記の出発点である仕訳（複式記録）を問う出題＞

　帳簿記入のための手続きは，仕訳帳に記入することから始まる。そこでの仕訳とは，取引によって増減変化した資産，負債，純資産（資本），収益，費用の勘定科目を，金額と共に左側（借方）または右側（貸方）のいずれに記入するかを決定することである。例えば，現金という資産の増加は借方に，減少は貸方に記入する。簿記上の取引は，必ず２つ以上の勘定科目を記録し，仕訳された借方と貸方のそれぞれの合計金額は一致する。

　　１．自治会が自治会費を集金した取引である。会費収入（収益）が¥80,000発生するため，貸方に記入する。また，現金（資産）が¥80,000増加するので借方に記入する。

　　２．月極駐車場の使用料金を支払った取引である。支払地代（費用）が¥5,000発生するため，借方に記入する。また，現金（資産）が¥5,000減少するので貸方に記入する。

　　３．現金の出資により文具小売業を開業した取引である。開業した文具店において現金（資産）が¥3,000,000増加するので，借方に記入する。また，事業を行うための元手として企業に出資された金銭や財産は資本金（純資産（資本））として貸方に記入する。

　　４．自社で使用する土地を購入した取引である。土地（資産）が¥900,000増加するため，借方に記入する。また，現金（資産）が¥900,000減少するので貸方に記入する。

　　５．商品を現金で購入した取引である。商品（資産）が¥34,000増加するため，借方に記入する。また，現金（資産）が¥34,000減少するので貸方に記入する。

　　６．商品を掛けで販売した取引である。商品（資産）を販売し，引き渡すことによって商品（資産）¥6,800が減少し，商品販売益（収益）が¥2,900発生するため貸方に記入する。また，後払いで販売した商品の代金を将来に現金等で受け取る約束である売掛金（資産）が¥9,700増加するため，借方に記入する。

　　７．売掛金（資産）を回収した取引である。売掛金（資産）が¥55,000減少するため，貸方に記入する。また，現金（資産）が¥55,000増加するため，借方に記入する。

　　８．貸付金が返済され，それと同時に貸付けに伴う利息も受け取った取引である。貸付金の元本と利息を合わせた普通預金（資産）¥302,000の増加を借方に記入するとともに，返済による貸付金（資

産）¥300,000の減少と，受取利息（収益）¥2,000の発生を貸方に記入する。

第3問＜会計の構造に関する出題＞

期首の貸借対照表を出発点として，期中に利益獲得のための経済活動が行われる。その結果が，期末の貸借対照表である。この貸借対照表では，期首や期末それぞれの時点における財政状態が表示され，「資産＝負債＋純資産（資本）…①」という等式が成り立つ。

一方で，期中に行われる利益獲得のための経済活動の成果（経営成績）を表すのが損益計算書であり，「収益－費用＝当期純利益…②」の算式で利益が計算される。ここで計算された利益は期末純資産（資本）の増加の原因となる（当期純損失であれば減少の原因となる）。したがって，資本の追加出資や引き出しがないことを前提として「期首純資産（資本）＋当期純利益＝期末純資産（資本）…③」という算式が成り立つ。

これらの関係から，期首の貸借対照表では①式により（ア）を算出することができる（期首資産（ア）¥940,000＝期首負債¥630,000＋期首純資産（資本）¥310,000）。次に，③式から当期純利益（ウ）が計算できる（当期純利益（ウ）¥160,000＝期末純資産（資本）¥470,000－期首純資産（資本）¥310,000）。また，損益計算書では，②式によって当期費用（イ）が計算できる（当期費用（イ）¥720,000＝当期収益¥880,000－当期純利益¥160,000）。最後に，期末の貸借対照表では，①式により（エ）を算出することができる（期末負債（エ）¥520,000＝期末資産¥990,000－期末純資産（資本）¥470,000）。

第4問＜日記帳から元帳への転記に関する出題＞

帳簿の基本的な形は，日々の取引を記録する日記帳と，管理すべき単位（勘定）の記入簿（元帳）の2つである。営利分野では，仕訳帳が日記帳であり，元帳が計算単位ごとの帳簿である。一方，非営利分野では，日々の記録をする現金出納帳が仕訳帳に相当し，計算単位（勘定）の把握のために元帳が設けられる。

本問では，マンション管理組合のような非営利分野において，現金取引（現金の収入と支出）を現金出納帳に記入し，そこから元帳へ転記するという一連の手続きを問うている。現金出納帳には，日付（月日），摘要（本問ではあらかじめ記入されている），勘定科目，丁数，金額を記入する。丁数は次の手続きである転記先の勘定の丁数を記入し，金額は収入欄に記入する取引か，支出欄かを判断して記入する。いずれかに金額を記入したら，月初の残高に加算または減算して取引記帳後の現金残高を記入する。

次に，現金出納帳から，現金以外の勘定科目について総勘定元帳に転記する。元帳には借方記入欄と貸方記入欄があるが，現金出納帳に記入された現金勘定と反対側の欄に，日付（月日），摘要，丁数，金額を転記する。摘要欄には相手勘定科目（本問ではすべて現金勘定）を，丁数欄には現金出納帳の丁数を記入する。

第5問＜会計報告書（損益計算）の作成に関する出題＞

精算表，貸借対照表，損益計算書といった会計報告書の作成と理解は，今後，簿記会計を学ぶ上での基礎として欠くことができない内容である。

本問では，元帳記録から試算表が作成でき，作成した試算表から損益計算書と貸借対照表を作成できるかという一連の手続きを精算表の作成という形式で問うている。精算表は正式な決算手続きではないが，試算表から会計報告書作成までを1つの表にまとめたワークシートであり，決算の全容を把握するのに適している。

解答にあたっては，まず，元帳残高にある勘定科目と金額から正しく残高試算表欄を作成しなければならない。各勘定残高は資産，負債，純資産（資本），収益，費用ごとに借方残高であるか，貸方残高であるかが決まっているので，それを誤ると正しい残高試算表を作成できない。残高試算表欄が完成したら，各勘定科目を貸借対照表欄と損益計算書欄に振り分けて，損益計算を行い，それぞれの欄において貸借の合計を記入する。なお，損益計算書欄と貸借対照表欄で算定される当期純利益の金額は¥126,000で一致する。

第207回基礎簿記会計－解説3

※氏名は記入しないこと。

会場コード

受験番号

全3ページ ①

第208回簿記能力検定試験

基礎簿記会計 解答

【禁無断転載】

得 点
点

制限時間
【1時間30分】

第1問（12点）　@3点×4＝12点

	1	2	3	4
正誤記入欄	○	×	×	○

第2問（32点）　@4点×8＝32点

	借 方		貸 方	
	勘 定 科 目	金 額	勘 定 科 目	金 額
1	現　　　　金	350,000	会 費 収 入	350,000
2	普 通 預 金	250,000	現　　　　金	250,000
3	支 払 家 賃	64,000	現　　　　金	64,000
4	商　　　　品	100,000	買 掛 金	100,000
5	現　　　　金	32,800	商　　　　品 商 品 販 売 益	20,000 12,800
6	買 掛 金	280,000	普 通 預 金	280,000
7	給　　　　料	80,000	現　　　　金	80,000
8	支 払 利 息	24,000	普 通 預 金	24,000

第3問 （16点）

@4点×4＝16点

（ア）	（イ）	（ウ）	（エ）
￥　　621,000	￥　　761,000	￥　　35,000	￥　　887,000

第4問 （8点）

●印@2点×4＝8点

【解答にあたっての注意】　支出項目の配列は元帳の丁数の順によること。

マンション管理組合会計報告書
令和4年10月1日～令和4年10月31日

会　長　　全経　一郎
会　計　　大塚　花子

【 支 出 の 部 】		【 収 入 の 部 】	
項　　目	金　額	項　　目	金　額
（通　　信　　費）	●　10,800	前 月 繰 越 金	173,600
（消　耗　品　費）	3,400	（管　理　費　収　入）	●　180,000
（水　道　光　熱　費）	16,300		
次　月　繰　越　金	●　323,100		
	353,600	●	353,600

第5問（32点）

●印@4点×8＝32点

精　算　表

勘 定 科 目	残 高 試 算 表 借 方	残 高 試 算 表 貸 方	損 益 計 算 書 借 方	損 益 計 算 書 貸 方	貸 借 対 照 表 借 方	貸 借 対 照 表 貸 方
現　　　　金	404,000				404,000	
普 通 預 金	784,000				784,000	
売 　掛　 金	361,000				361,000	
商　　　　品	232,000				232,000	
貸 　付　 金	500,000				● 500,000	
建　　　　物	850,000				850,000	
備　　　　品	295,000				● 295,000	
買 　掛　 金		161,000				161,000
借 　入　 金		1,200,000				1,200,000
資 　本　 金		2,000,000				● 2,000,000
商 品 販 売 益		981,000		● 981,000		
受 取 利 息		16,000		16,000		
給　　　　料	540,000		● 540,000			
通 　信　 費	112,000		112,000			
水 道 光 熱 費	64,000		64,000			
支 払 地 代	36,000		36,000			
保 　険　 料	96,000		96,000			
支 払 利 息	84,000		84,000			
当 期 純 利 益			● 65,000			65,000
	● 4,358,000	4,358,000	997,000	997,000	● 3,426,000	3,426,000

第1問＜帳簿記入についての出題＞

帳簿記入に関する基礎的な知識を文章の正誤判断を問うている。

1．仕訳帳に記入される「小書き」は，摘要欄の仕訳だけでは不明瞭な取引についての補足説明であるため，正しい。

2．「✓」（チェックマーク）は，仕訳帳ではページの移動の際，総勘定元帳では期首の開始記入の際などの際に使用することがあるため，誤り。

3．総勘定元帳の各勘定口座を締め切る際に，貸借の合計金額の一致を確認したら，金額の下に合計線（複線）を引いて終了するため，誤り。

4．仕訳帳には取引を日付順に記録し，その記録に基づいて総勘定元帳の各勘定口座に転記するため，正しい。

第2問＜簿記の出発点である仕訳（複式記録）を問う出題＞

帳簿記入のための手続きは，仕訳帳に記入することから始まる。そこでの仕訳とは，取引によって増減変化した資産，負債，純資産（資本），収益，費用の勘定科目を，金額と共に左側（借方）または右側（貸方）のいずれに記入するかを決定することである。ここでは基礎的な取引について仕訳の理解を問うている。

1．は，関西商店連合会の会員から会費を集金した取引である。会費収入（収益）の発生は貸方に記入し，集金したことによる現金（資産）の増加は借方に記入する。

2．は，関西商店連合会が保管していた現金を銀行預金（普通預金）に入金した取引である。預け入れたことによる現金（資産）の減少は貸方に，普通預金（資産）の増加は借方に記入する。

3．は，関西商店連合会の事務所で発生した家賃を現金で支払った取引である。支払家賃（費用）の発生は借方に，支払いによる現金（資産）の減少は貸方に記入する。

4．は，商品売買業者（家電販売業）が商品（プリンター）を代金後払いの条件で購入した取引である。購入による商品（資産）の増加は借方に，代金を後払いにすることによって増加する債務すなわち買掛金（負債）の増加は貸方に記入する。

5．は，商品売買業者（家電販売業）が商品（プリンター）を販売した取引である。引き渡すことによる商品（資産）の減少と，その商品の原価と売価の差額として獲得した商品販売益（収益）の発生は貸方に，代金として受け取った現金（資産）の増加は借方に記入する。

6．は，商品売買業者（家電販売業）が前月に購入した商品の掛け代金を支払った取引である。前月に購入した商品（プロジェクター）の掛け代金すなわち買掛金（負債）の減少は借方に，その支払いによる普通預金（資産）の減少は貸方に記入する。

7．商品売買業者（家電販売業）が従業員に給料を支給した取引である。給料（費用）の発生は借方に，その支給による現金（資産）の減少は貸方に記入する。

8．商品売買業者（家電販売業）の借入金にかかる利息が銀行預金から引き落とされた取引である。支払利息（費用）の発生は借方に，その支払い（引き落とし）による普通預金（資産）の減少は貸方に記入する。

第3問＜会計の構造に関する出題＞

　企業の経済活動は，期首の貸借対照表を出発点として始まり，期中の様々な経済活動を経た結果，期末の貸借対照表のような財政状態となる。この貸借対照表では，それぞれの時点（期首および期末）で①「資産＝負債＋純資産（資本）」という等式が成り立つ。

　そして，期中に行った経済活動の成果（経営成績）を表すのが損益計算書である。そこでは②「収益－費用＝当期純利益」の算式で利益が計算される。ここで計算された利益は，期末純資産（資本）に反映される。つまり，資本の追加出資や引き出しがないことを前提として③「期首純資産（資本）＋当期純利益＝期末純資産（資本）」という算式が成り立つ。

　これらの関係から，期首の貸借対照表では①式により，期首の純資産（資本）（ア）を算出することができる。また，期末の貸借対照表でも①式により期末の資産（エ）が算出できる。

　次に，③式により，当期純利益（ウ）を算出することになる。当期純利益（ウ）が算出できたことにより，②式により当期の収益（イ）を算出することができる。

第4問＜日記帳から元帳への転記に関する出題＞

　本問は，現金出納帳の記帳からマンション管理組合の会計報告書（勘定式）を作成するものである。解答に際しては，支出欄と収入欄を誤らないように，勘定科目等とその金額をそれぞれ借方と貸方に記入する。【解答にあたっての注意】にあるように，複数ある支出項目については，指定された丁数に基づく順番（通信費→消耗品費→水道光熱費）で記入することに注意する。また，繰越額を含めて計算した貸借合計額が一致することを確認する。

第5問＜会計報告書（損益計算）の作成に関する出題＞

　本問で作成する精算表は，まず，与えられた各勘定科目の元帳残高を正しく残高試算表欄の借方または貸方に記入しなければならない。具体的には，資産と費用の勘定科目は借方残高となり，負債，純資産（資本）と収益の勘定科目は貸方残高となる。各勘定科目の元帳残高すべてを残高試算表欄に記入し終えたら，残高試算表欄の借方合計と貸方合計が一致することを確かめる。勘定科目の残高を貸借いずれかに記入を間違えると，この合計金額が一致しない。

　次に，損益計算書欄に収益と費用の勘定科目の金額を残高試算表欄の借方または貸方と同じ側に記入する。そして，収益合計から費用合計を差し引いて，当期純損益（本問ではあらかじめ当期純利益が算出されることが示されている）を計算し，記入する。そのうえで，損益計算書欄の借方合計と貸方合計を算出し，その一致を確認する。

　最後に，貸借対照表欄に資産，負債と純資産（資本）の金額を残高試算表欄の借方または貸方と同じ側に記入する。また損益計算書欄で算出した当期純利益を貸借対照表欄の貸方に記入する。そして，貸借対照表欄の借方合計と貸方合計を計算し，その一致を確認する。

会場コード			
受験番号			

基 礎 簿 記 会 計 　解　答

得　点
点

制限時間
【1時間30分】

第1問（12点）　　　　　　　　　　　　　　　　　　　　　　@3点×4＝12点

	1	2	3	4
正誤記入欄	×	〇	〇	×

第2問（32点）　　　　　　　　　　　　　　　　　　　　　　@4点×8＝32点

	借　　方		貸　　方	
	勘 定 科 目	金　額	勘 定 科 目	金　額
1	水 道 光 熱 費	6,000	現　　　　金	6,000
2	消 耗 品 費	15,000	現　　　　金	15,000
3	普 通 預 金	1,300	受 取 利 息	1,300
4	現　　　　金	2,000,000	資 本 金	2,000,000
5	現　　　　金	28,000	運 送 料 収 入	28,000
6	商　　　　品	200,000	現　　　　金 買 掛 金	80,000 120,000
7	売 掛 金	120,000	商　　　　品 商 品 販 売 益	80,000 40,000
8	現　　　　金	200,000	売 掛 金	200,000

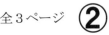

第3問 (16点)

●印@4点×4＝16点

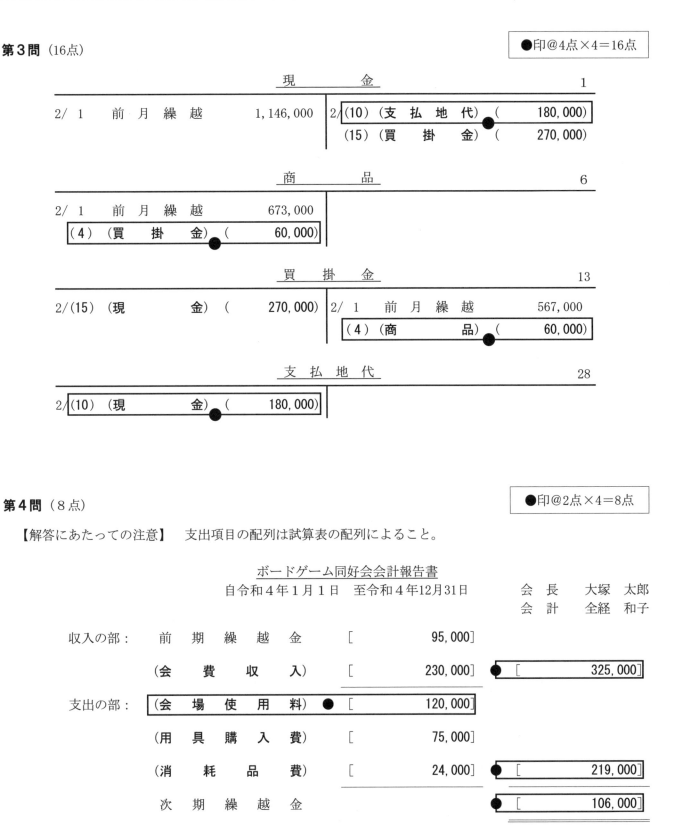

	現　　　　金				1
2/ 1　前 月 繰 越	1,146,000	2/(10)（支 払 地 代）（	180,000）●		
		(15)（買 掛 金）（	270,000）		

	商　　　　品				6
2/ 1　前 月 繰 越	673,000				
(4)（買 掛 金）（	60,000）●				

	買　　掛　　金				13
2/(15)（現 金）（	270,000）	2/ 1　前 月 繰 越	567,000		
		(4)（商 品）（	60,000）●		

	支　払　地　代				28
2/(10)（現 金）（	180,000）●				

第4問 (8点)

●印@2点×4＝8点

【解答にあたっての注意】　支出項目の配列は試算表の配列によること。

ボードゲーム同好会会計報告書
自令和4年1月1日　至令和4年12月31日

会　長　　大塚　太郎
会　計　　全経　和子

収入の部：	前 期 繰 越 金	[95,000]	
	（会 費 収 入）	[230,000]	●[325,000]
支出の部：	（会 場 使 用 料）●	[120,000]	
	（用 具 購 入 費）	[75,000]	
	（消 耗 品 費）	[24,000]	●[219,000]
	次 期 繰 越 金		●[106,000]

第5問（32点）

●印@4点×8＝32点

貸 借 対 照 表

全経商店　　　　　令和4年12月31日　　　　　（単位：円）

資　　産	金　　額	負債および純資産	金　　額
現　　　　金	244,000	買　掛　金	520,000
普　通　預　金	663,000	借　入　金	1,500,000
売　　掛　　金	● 335,000	資　本　金	● 3,000,000
商　　　　品	453,000	当期純（利益）	65,000
建　　　　物	1,200,000		
車　両　運　搬　具	● 800,000		
備　　　　品	490,000		
土　　　　地	900,000		
	5,085,000	●	5,085,000

損 益 計 算 書

全経商店　　　令和4年1月1日～令和4年12月31日　　　（単位：円）

費　　用	金　　額	収　　益	金　　額
給　　　　料	● 391,000	商 品 販 売 益	● 996,000
広　告　費	192,000		
発　送　費	135,000		
交　通　費	114,000		
水　道　光　熱　費	76,000		
支　払　利　息	23,000		
当　期　純（利　益）	● 65,000		
	996,000	●	996,000

第1問＜帳簿への記録対象についての出題＞

　本問では，それぞれの出来事が，記帳の対象である取引（簿記上の取引）であるか否か判断することができるかを問うている。簿記上の取引は，資産，負債，純資産（資本），収益，費用が増減変化する出来事であるが，特に，学び初めには現金やその他の財産の増減を判断することが重要である。

　1．駐車場の賃貸借契約を結んだのみであり，資産等は増減変化していないため，簿記上の取引ではない。

　2．補修工事の代金支払いによって，現金という資産が減少しているため，簿記上の取引である。

　3．火災によって，建物という資産が減少しているため，簿記上の取引である。

　4．事務所のプリンター購入の注文であり，現金等の資産は増減しないため，簿記上の取引ではない。

第2問＜簿記の出発点である仕訳（複式記録）を問う出題＞

　帳簿記入のための手続きは，仕訳帳に記入することから始まる。そこでの仕訳とは，取引によって増減変化した資産，負債，純資産（資本），収益，費用の勘定科目を，金額と共に左側（借方）または右側（貸方）のいずれに記入するかを決定することである。例えば，現金という資産の増加は借方に，減少は貸方に記入する。簿記上の取引は，必ず2つ以上の勘定科目を記録し，仕訳された借方と貸方のそれぞれの合計金額は一致する。

　1．水道料金を支払った取引である。水道光熱費（費用）が¥6,000発生するため，借方に記入する。また，現金（資産）が¥6,000減少するため，貸方に記入する。

　2．計算機などの消耗品を購入した取引である。消耗品費（費用）が¥15,000発生するため，借方に記入する。また，現金（資産）が¥15,000減少するため，貸方に記入する。

　3．銀行に預け入れている普通預金の利息を受け取った取引である。受取利息（収益）が¥1,300発生するため，貸方に記入する。また，普通預金（資産）が¥1,300増加するため，借方に記入する。

　4．現金の出資により運送業を開業した取引である。開業した運送店において現金（資産）が¥2,000,000増加するので，借方に記入する。また，事業を行うための元手として企業に出資された金銭や財産は資本金（純資産（資本））として貸方に記入する。

　5．配送品の運送代金を受け取った取引である。運送料収入（収益）が¥28,000発生するため，貸方に記入する。また，現金（資産）が¥28,000増加するため，借方に記入する。

　6．商品を現金と掛けで購入した取引である。商品（資産）が¥200,000増加するため，借方に記入する。また，代金である現金（資産）¥80,000の減少と買掛金（負債）¥120,000の増加を貸方に記入する。

　7．商品を掛けで販売した取引である。商品（資産）を販売し，引き渡すことによって商品（資産）が¥80,000減少し，商品販売益（収益）が¥40,000発生するため貸方に記入する。また，後払いで販売した商品の代金を将来に現金等で受け取る約束である売掛金（資産）が¥120,000増加するため，借方に記入する。

　8．売掛金（資産）を回収した取引である。売掛金（資産）が¥200,000減少するため，貸方に記入する。また，現金（資産）が¥200,000増加するため，借方に記入する。

第3問＜日記帳（仕訳帳）から元帳への転記に関する出題＞

　営利企業における帳簿の基本的な形には，日々の取引を記録する日記帳である仕訳帳と，管理すべき単位（勘定）の記入簿である元帳の2つがある。本問では，仕訳帳に記入されている取引を，勘定科目がまとめられている元帳へ転記するという手続きを問うている。

　本問では，仕訳された勘定科目について，元帳には借方記入欄と貸方記入欄があるが，それぞれ仕訳された側の欄に，日付（月日），摘要，金額を転記する。摘要欄には仕訳時の相手勘定科目を記入する。なお，本問での出題は無いが，相手科目が複数ある場合には，摘要欄に「諸口」と記入する。

第4問＜会計報告書（収支計算）の作成に関する出題＞

　本問では，会計報告書の作成問題を非営利分野から出題した。すなわち，会計記録をまとめた試算表から会計報告書を作成できるかどうかを問うている。解答欄の会計報告書は，収入と支出を左右に分けた勘定式ではなく，収入を上に書き，下に書いた支出を差し引く報告式となっている。前期繰越金¥95,000に当期の会費収入¥230,000を加算し，支出（会場使用料¥120,000，用具購入費¥75,000，消耗品費¥24,000）を減算することによって，次期繰越金¥106,000を算出する過程を表示することができる。

第5問＜会計報告書（損益計算）の作成に関する出題＞

　本問では，営利企業における貸借対照表および損益計算書の作成問題を出題し，与えられた元帳の各勘定科目の残高から貸借対照表と損益計算書を作成できるかを問うている。期間損益計算を行う営利企業における会計報告は，期末の財政状態を示す貸借対照表と，当期の経営成績を示す損益計算書の2つの会計報告書を作成することによって行われる。解答用紙に勘定科目をあらかじめ示してあるので，作成に際しては，金額を誤らないように記入し，当期純損益を算出するという手順を理解できているかが問われる。まず，資産である現金，普通預金，売掛金，商品，建物，車両運搬具，備品，土地を貸借対照表の借方に記入する。続いて，負債である買掛金，借入金，および純資産（資本）である資本金を貸借対照表の貸方に記入する。当期純利益は貸借差額で算定される。損益計算書においては，収益である商品販売益が貸方に記入される。続いて費用である給料，広告費，発送費，通信費，水道光熱費，支払利息が借方に記入される。当期純利益は，貸借対照表と同様に貸借差額で算定される。なお，貸借対照表と損益計算書で算定される当期純利益の金額は¥65,000で一致する。

会場コード

受験番号

第210回簿記能力検定試験
基礎簿記会計 （解 答）

第1問（12点）　　　　　　　　　　　　　　　　　　　　　@3点×4＝12点

	1	2	3	4
正誤記入欄	○	×	×	○

第2問（32点）　　　　　　　　　　　　　　　　　　　　　@4点×8＝32点

	借　　方		貸　　方	
	勘 定 科 目	金　　額	勘 定 科 目	金　　額
1	通　信　費	8,350	現　　金	8,350
2	交　通　費	440	現　　金	440
3	普　通　預　金	60,000	現　　金	60,000
4	現　　金 売　　掛　　金	600,000 280,000	商　　品 商　品　販　売　益	500,000 380,000
5	商　　品	390,000	買　　掛　　金	390,000
6	普　通　預　金	2,500,000	借　　入　　金	2,500,000
7	買　　掛　　金	450,000	現　　金	450,000
8	土　　地	1,600,000	現　　金	1,600,000

第3問（16点）　　　　　　　　　　　　　　　　　　　　@4点×4＝16点

【解答にあたっての注意】　（　　）には勘定科目，＜　＞には丁数，[　　]には金額を入れること。

現　　　金　　　　　　　　　　　　　　　　　　＜1＞

日付	摘　要	仕丁	借　方	日付	摘　要	仕丁	貸　方
4 1	前 月 繰 越	✓	2,533,000	4 1	(保　険　料)	＜5＞	[96,000]
10	(売　掛　金)	＜5＞	[330,000]	4	(備　品)	＜〃＞	[195,000]

＊「〃」は「5」でも可とする。

売　　掛　　金　　　　　　　　　　　　　　　　　　＜3＞

4/1	前 月 繰 越	✓	712,000	4/10	(現　　金)	＜5＞	[330,000]

備　　　品　　　　　　　　　　　　　　　　　　　　＜6＞

4/4	(現　　金)	＜5＞	[195,000]				

保　　険　　料　　　　　　　　　　　　　　　　　　＜35＞

4/1	(現　　金)	＜5＞	[96,000]				

第4問（8点）　　　　　　　　　　　　　　　　　　　　●印@2点×4＝8点

【解答にあたっての注意】　支出項目の配列は元帳の丁数の順によること。

卓 球 サ ー ク ル 会 計 報 告 書
令和5年3月1日～令和5年3月31日　　　　　会　長　　全経　花子
会　計　　大塚　一郎

【 支 出 の 部 】　　　　　　　　　　　　【 収 入 の 部 】

項　　　目	金　額	項　　　目	金　額
(練 習 場 使 用 料)	● 36,000	前 月 繰 越 金	65,500
(大 会 参 加 費)	50,000	(会 費 収 入)	● 54,000
(消 耗 品 費)	600		
次 月 繰 越 金	● 32,900		
	119,500	●	119,500

第5問（32点）

●印＠4点×8＝32点

精　算　表

勘 定 科 目	残 高 試 算 表		損 益 計 算 書		貸 借 対 照 表	
	借　方	貸　方	借　方	貸　方	借　方	貸　方
現　　　　金	412,000				412,000	
普 通 預 金	948,000				948,000	
売　掛　金	621,000				● 621,000	
商　　　　品	438,000				438,000	
貸　付　金	320,000				320,000	
備　　　　品	556,000				556,000	
買　掛　金		418,000				● 418,000
借　入　金		800,000				800,000
資　本　金		2,000,000				● 2,000,000
商 品 販 売 益		844,000		● 844,000		
受 取 利 息		8,000		8,000		
給　　　　料	420,000		420,000			
通　信　費	84,000		84,000			
水 道 光 熱 費	42,000		42,000			
支 払 家 賃	172,000		172,000			
保　険　料	25,000		25,000			
支 払 利 息	32,000		● 32,000			
当 期 純 利 益			● 77,000			77,000
	● 4,070,000	4,070,000	852,000	852,000	● 3,295,000	3,295,000

第1問＜帳簿記入についての出題＞

　記帳の対象なる取引（帳簿に記入すべき出来事）についての理解を確認するため，簿記上の取引の判断が問われている。

１．注文を受けること自体は簿記上の取引ではないが，商品の引き渡しにより商品（資産）が減少し，代金として現金（資産）を受け取っているため，簿記上の取引である。

２．商品（資産）は3日後に発送されるため，商品を注文した際には，商品（資産）に増減変化がなく，代金を支払う義務（すなわち負債）も増加していないため，簿記上の取引ではない。

３．修繕に関する見積もりの回答を得たが，修繕自体はまだ実施されていないため修繕費（費用）は発生していないので，簿記上の取引ではない。

４．賃借契約を更新した際に，家賃として現金（資産）を支払ったため，支払家賃（費用）が発生したので，簿記上の取引である。

第2問＜簿記の出発点である仕訳（複式記録）を問う出題＞

　帳簿記入のための手続きは，仕訳帳に記入することから始まる。そこでの仕訳とは，取引によって増減変化した資産，負債，純資産（資本），収益，費用の勘定科目を，金額と共に左側（借方）または右側（貸方）のいずれに記入するかを決定することである。ここでは基礎的な取引について仕訳の理解が問われている。

１．は，全経町会の町会事務所の電話料金を現金で支払った取引である。電話料金の支払いによる通信費（費用）の発生は借方，その料金を支払った現金（資産）の減少は貸方に記帳する。

２．は，全経町会の町会長が，町会の活動の一環として市役所に移動した際の交通費を支払った取引である。交通費（費用）の発生は借方，支払った現金（資産）の減少は貸方に記帳する。

３．は，全経町会が保有している現金（資産）を銀行預金（普通預金）（資産）に入金した取引である。入金したことによる現金（資産）の減少は貸方，普通預金（資産）の増加は借方に記帳する。

４．は，商品売買業者（中古車販売業）が商品（軽トラック）を販売した取引である。販売したことによる商品（資産）の減少は貸方，その代金としての現金（資産）の増加と売掛金（資産）の増加はいずれも借方に記帳する。また，商品の原価と売価の差額である商品販売益（収益）の発生は貸方に記帳する。

５．は，商品売買業者（中古車販売業）が商品（小型自動車）を代金後払いの条件で購入した取引である。購入したことによる商品（資産）の増加は借方，買掛金（負債）の増加は貸方に記帳する。

６．は，　取引銀行から資金を借り入れた取引である。借り入れによって生じた返済義務である借入金（負債）の増加は貸方，その借り入れた資金が入金された普通預金（資産）の増加は借方に記帳する。

７．商品売買業者（中古車販売業）が前月に購入した商品の掛け代金を支払った取引である。掛代金である買掛金（負債）の減少は借方，資産（資産）の減少は貸方に記帳する。

８．商品売買業者（中古車販売業）が自社で使用する事業用土地（資産）を購入した取引である。購入による土地（資産）の増加は借方，現金（資産）の減少は貸方に記帳する。

第3問＜日記帳から元帳への転記に関する出題＞

　帳簿の基本的な形は，日々の取引を記録する日記帳と，管理すべき単位（勘定）の記入簿（元帳）の2つである。本問は，日記帳としての仕訳帳に記入されている取引を，勘定科目がまとめられている元帳へ転記する手続きが問われている。転記は，仕訳された各勘定の口座の借方または貸方に日付（本問ではあらかじめ示されている），摘要，仕丁，金額を記入する。摘要欄には，借方に仕訳された勘定科目については貸方の勘定科目（相手勘定科目）を，貸方に仕訳された勘定科目は借方の勘定科目（相手勘定科目）を記入する。

　なお，【解答にあたっての注意】にあるように，指定された解答欄に適切な用語または数字を記入することに注意する。

第4問＜会計報告書（収支計算）の作成に関する出題＞

　1か月の収支計算を示すことによって会計報告を行う場合には，前月繰越金から出発し，報告する1か月の活動による変動を経て，次月繰越金に至ることを示す会計報告書を作成する。

　本問では，現金出納帳の記帳からから卓球サークルの会計報告書（勘定式）を作成する。解答に際しては，収入項目と支出項目を誤らないように注意し，また【解答にあたっての注意】にあるように，複数ある支出項目については，指定された順番（練習場使用料→大会参加費→消耗品費）で記入する。

第5問＜会計報告書（損益計算）の作成に関する出題＞

　期末の会計報告は，期末の財政状態を示す貸借対照表と，当期の経営成績を示す損益計算書の2つの会計報告書を作成することによって行われる。

　本問では，与えられた元帳の各勘定科目の残高から精算表を作成できるかが問われている。まず，解答用紙にあらかじめ示されている勘定科目について，借方残高であるのか，貸方残高であるのかを正しく判断して記入する。資産と費用の勘定科目は借方残高，負債，純資産（資本）および収益の勘定科目は貸方残高である。そして，作成した残高試算表欄から収益と費用の残高は損益計算書欄，資産，負債と純資産（資本）の残高は貸借対照表欄に正しく書き写し，当期純損益（本問の場合は，当期純利益）を算出する。損益計算書欄で計算した当期純利益と，貸借対照表欄で計算した当期純利益が一致していることを確認し，それぞれ一番下の行に貸借の合計金額を記入する。この各欄の合計金額も貸借一致していることを確認する。

会場コード			

受験番号			

第211回簿記能力検定試験
基礎簿記会計 解答

得　点
点

制限時間
【1時間30分】

第1問（12点）　　　　　　　　　　　　　　　　　　　　@3点×4＝12点

	1	2	3	4
正誤記入欄	○	×	×	○

第2問（32点）　　　　　　　　　　　　　　　　　　　　@4点×8＝32点

	借　　　　　　方		貸　　　　　　方	
	勘 定 科 目	金　　額	勘 定 科 目	金　　額
1	現　　　　　金	30,000	普 通 預 金	30,000
2	消 耗 品 費	7,300	現　　　　　金	7,300
3	現　　　　　金	240,000	管 理 費 収 入	240,000
4	商　　　　　品	280,000	現　　　　　金 買　　掛　　金	80,000 200,000
5	現　　　　　金	128,000	商　　　　　品 商 品 販 売 益	70,000 58,000
6	普 通 預 金	200,000	売　　掛　　金	200,000
7	借　　入　　金 支 払 利 息	900,000 36,000	現　　　　　金	936,000
8	給　　　　　料	220,000	現　　　　　金	220,000

第3問 （16点）

@4点×4＝16点

（ア）	（イ）	（ウ）	（エ）
¥　　418,000	¥　　670,000	¥　　48,000	¥　　991,000

第4問 （12点）

●印@3点×4＝12点

（　　　）には勘定科目，＜　＞には丁数，[　　　]には金額を入れること。

現　金　出　納　帳　　　　　　　　＜6＞

日付		摘　　　　要 勘　定　科　目	丁数	借方(収入)	貸方(支出)	有高(残高)
6	1	前　月　繰　越	✓	743,500		743,500
	5	自治会費６月分　（会　費　収　入）	＜1＞	[　120,000]		[● 863,500]
	13	窓　修　理　代　金　（修　　繕　　費）	＜7＞		[　31,500]	[　832,000]
	17	集会所電話料金　（通　　信　　費）	＜4＞	●	[　9,800]	[　822,200]

＜1＞　　　　　　　　　　　　　　会　費　収　入

日付	摘　要	丁数	借　方	日付	摘　要	丁数	貸　方
				6	5	（現　　　　金）＜6＞	[　120,000]

＜4＞　　　　　　　　　　　　　　通　信　費

6/17	（現　　　　金）＜6＞	[　9,800]		

＜7＞　　　　　　　　　　　　　　修　繕　費

6/13	（現　　　　金）＜6＞	[　31,500]		

第5問（28点）　　　　　　　　　　　　　　　　　　　　●印@4点×7＝28点

貸 借 対 照 表

全経電器商店　　　　　　　令和4年12月31日　　　　　　　　（単位：円）

資　　産	金　額	負債および純資産	金　額
現　　　　金	359,000	買　　掛　　金	● 512,000
普　通　預　金	577,000	借　　入　　金	1,000,000
売　　掛　　金	774,000	資　　本　　金	1,500,000
商　　　　品	● 251,000	当　期　純（利　益）	99,000
貸　　付　　金	300,000		
車　両　運　搬　具	● 480,000		
備　　　　品	370,000		
	3,111,000	●	3,111,000

損 益 計 算 書

全経電器商店　　　　令和4年1月1日～令和4年12月31日　　　（単位：円）

費　　用	金　額	収　　益	金　額
給　　　　料	● 517,000	商　品　販　売　益	947,000
広　　告　　費	116,000	受　取　利　息	9,000
発　　送　　費	● 88,000		
水　道　光　熱　費	64,000		
消　耗　品　費	42,000		
支　払　利　息	30,000		
当　期　純（利　益）	● 99,000		
	956,000		956,000

第1問＜帳簿の作成記入に関する出題＞

　本問では，帳簿の作成記入に関する基礎知識を出題した。帳簿は，取引の証拠として一定のルールに則って作成される。これらのルールを文章の正誤判断により問うている。

1．仕訳帳のページからページに移る際の記入内容について問うている。仕訳帳のページ記入が終わった際には，記入の終わったページの最終行の上に合計線を引き，借方と貸方の合計金額を計算記入のうえ，摘要欄には，「次ページへ」と記入する。

2．帳簿記録を訂正する際の手続きについて問うている。修正液や修正テープを用いて，誤った元の金額が見えないようにしてはならない。

3．帳簿への日付の記入に関する理解を問うている。例えば，帳簿の最初の行に月を記入した後，次の行からは月の記入を省略する。

4．仕訳帳から総勘定元帳へ転記する際の手続きについて問うている。仕訳帳から総勘定元帳に転記する際には，総勘定元帳の仕丁欄には，その仕訳が記入されている仕訳帳のページ番号を記入する。

第2問＜簿記の出発点である仕訳（複式記録）を問う出題＞

　帳簿記入のための手続きは，仕訳帳に記入することから始まる。そこでの仕訳とは，取引によって増減変化した資産，負債，純資産（資本），収益，費用の勘定科目を，金額と共に左側（借方）または右側（貸方）のいずれに記入するかを決定することである。例えば，現金という資産の増加は借方に，減少は貸方に記入する。簿記上の取引は，必ず2つ以上の勘定科目を記録し，仕訳された借方と貸方のそれぞれの合計金額は一致する。

1．普通預金口座から現金を引き出した取引である。現金（資産）¥30,000 が増加するため，借方に記入する。また，普通預金（資産）¥30,000 が減少するため，貸方に記入する。

2．清掃用品等の消耗品を現金購入した取引である。消耗品費（費用）¥7,300 が発生するため，借方に記入する。また，現金（資産）¥7,300 が減少するため，貸方に記入する。

3．マンション管理組合が管理費を集金した取引である。現金（資産）¥240,000 が増加するため，借方に記入する。また，管理費収入（収益）¥240,000 が発生するため，貸方に記入する。

4．商品を現金と掛けで購入した取引である。商品（資産）¥280,000 が増加するため，借方に記入する。また，現金（資産）¥80,000 の減少と買掛金（負債）¥200,000 の増加を貸方に記入する。

5．商品を現金で販売した取引である。現金（資産）¥128,000 が増加するため，借方に記入する。また，商品（資産）¥70,000 の減少と商品販売益（収益）¥58,000 の発生を貸方に記入する。

6．売掛金（資産）を普通預金口座への入金により回収した取引である。普通預金（資産）¥200,000 が増加するため，借方に記入する。また，売掛金（資産）¥200,000 が減少するため，貸方に記入する。

7．借入金を返済し，それと同時に借入れに伴う利息も支払った取引である。返済による借入金（負債）¥900,000 の減少と，支払利息（費用）¥3,600 の発生を借方に記入する。また，借入金の元本と利息を合わせた現金（資産）¥936,000 が減少するため，貸方に記入する。

8．従業員に給料を現金で支給した取引である。給料（費用）¥220,000 が発生するため，借方に記入する。また，現金（資産）¥220,000 が減少するため，貸方に記入する。

第3問＜会計の構造に関する出題＞

　期首の貸借対照表を出発点として，期中に利益獲得のための経済活動が行われる。その結果が，期末の貸借対照表である。この貸借対照表では，期首や期末それぞれの時点における財政状態が表示され，「資産＝負債＋純資産（資本）…①」という等式が成り立つ。

　一方で，期中に行われる利益獲得のための経済活動の成果（経営成績）を表すのが損益計算書であり，「収益－費用＝当期純利益…②」の算式で利益が計算される。ここで計算された利益は期末純資産（資本）の増加の原因となる（当期純損失であれば減少の原因となる）。したがって，資本の追加出資や引き出しがないことを前提として「期首純資産（資本）＋当期純利益＝期末純資産（資本）…③」という算式が成り立つ。

　これらの関係から，期首の貸借対照表では①式により，（ア）を算出することができる（期首純資産（資本）（ア）¥418,000＝期首資産¥892,000－期首負債¥474,000）。同様に，期末の貸借対照表では，①式により（エ）を算出することができる（期末資産（エ）¥991,000＝期末純資産（資本）¥466,000＋期末負債¥525,000）。続いて，③式から当期純利益（ウ）が計算できる（当期純利益（ウ）¥48,000＝期末純資産（資本）¥466,000－期首純資産（資本）¥418,000）。最後に，損益計算書では，②式によって当期費用（イ）が計算できる（当期費用（イ）¥670,000＝当期収益¥718,000－当期純利益¥48,000）。

第4問＜日記帳から元帳への転記に関する出題＞

　帳簿の基本的な形は，日々の取引を記録する日記帳と，管理すべき単位（勘定）の記入簿（元帳）の2つである。営利分野では，仕訳帳が日記帳であり，元帳が計算単位ごとの帳簿である。一方，非営利分野では，日々の記録をする現金出納帳が仕訳帳に相当し，計算単位（勘定）の把握のために元帳が設けられる。

　本問では自治会のような非営利分野において，現金取引（現金の収入と支出）を現金出納帳に記入し，そこから元帳へ転記するという一連の手続きを問うている。現金出納帳には，日付（月日），摘要（本問ではあらかじめ記入されている），勘定科目，丁数，金額を記入する。丁数は次の手続きである転記先の勘定の丁数を記入し，金額は収入欄に記入する取引か，支出欄かを判断して記入する。いずれかに金額を記入したら，月初の残高に加算または減算して取引記帳後の現金残高を記入する。

　次に，現金出納帳から，現金以外の勘定科目について元帳に転記する。元帳には借方記入欄と貸方記入欄があるが，現金出納帳に記入された現金勘定と反対側の欄に，日付（月日），摘要，丁数，金額を転記する。摘要欄には相手勘定科目（本問ではすべて現金勘定）を，丁数欄には現金出納帳の丁数を記入する。

第5問＜会計報告書（損益計算）の作成に関する出題＞

　本問では，営利企業における貸借対照表および損益計算書の作成問題を出題し，与えられた元帳の各勘定科目の残高から貸借対照表と損益計算書を作成できるかを問うている。期間損益計算を行う営利企業における会計報告は，期末の財政状態を示す貸借対照表と，当期の経営成績を示す損益計算書の2つの会計報告書を作成することによって行われる。解答用紙に勘定科目をあらかじめ示してあるので，作成に際しては，金額を誤らないように記入し，当期純損益を算出するという手順を踏む。

　まず，資産である現金，普通預金，売掛金，商品，貸付金，車両運搬具，備品を貸借対照表の借方に記入する。続いて，負債である買掛金，借入金，および純資産（資本）である資本金を貸借対照表の貸方に記入する。貸借対照表において，当期純利益は貸借差額で算定される。

　損益計算書においては，収益である商品販売益，受取利息が貸方に記入される。続いて，費用である給料，広告費，発送費，水道光熱費，消耗品費，支払利息が借方に記入される。当期純利益は，貸借対照表と同様に貸借差額で算定される。なお，貸借対照表と損益計算書で算定される当期純利益の金額は¥99,000で一致する。

※氏名は記入しないこと。

会場コード
⋮⋮⋮⋮

受験番号
⋮⋮⋮⋮

第212回簿記能力検定試験
基礎簿記会計 解答

得 点
点

制限時間
【1時間30分】

第1問（12点）

@3点×4＝12点

	1	2	3	4
正誤記入欄	×	○	×	○

第2問（32点）

@4点×8＝32点

	借 方 勘 定 科 目	金 額	貸 方 勘 定 科 目	金 額
1	現 金	380,000	会 費 収 入	380,000
2	支 払 家 賃	65,000	現 金	65,000
3	普 通 預 金	250,000	現 金	250,000
4	現 金	2,000,000	資 本 金	2,000,000
5	商 品	150,000	現 金 買 掛 金	50,000 100,000
6	売 掛 金	40,000	商 品 商 品 販 売 益	30,000 10,000
7	水 道 光 熱 費	12,400	普 通 預 金	12,400
8	買 掛 金	160,000	現 金	160,000

第3問（16点）　　　　　　　　　　　　　　　　　　　　　　　@4点×4＝16点

【解答にあたっての注意】　（　　　）には勘定科目，＜　＞には丁数，［　　　］には金額を入れること。

現　　　金　　　　　　　　　　　　　　　　　　＜1＞

日付		摘　要	仕丁	借　方	日付		摘　要	仕丁	貸　方
10	1	前 月 繰 越	✓	1,802,000	10	7	（備　　　品）	＜10＞	［　205,000］
	5	（売　掛　金）	＜10＞	［　398,000］		11	（通　信　費）	＜〃＞	［　32,600］

売　掛　金　　　　　　　　　　　　　　　　　　＜3＞

10/1	前 月 繰 越	✓	815,000	10/5	（現　　　金）	＜10＞	［　398,000］

備　　　品　　　　　　　　　　　　　　　　　　＜6＞

10/7	（現　　　金）	＜10＞	［　205,000］

通　信　費　　　　　　　　　　　　　　　　　　＜24＞

10/11	（現　　　金）	＜10＞	［　32,600］

第4問（8点）　　　　　　　　　　　　　　　　　　　　　　　●印@2点×4＝8点

【解答にあたっての注意】　支出項目の配列は試算表の配列によること。

バスケットボールサークル会計報告書
自令和4年4月1日　至令和5年3月31日　　　　　会　長　　大塚　太郎
　　　　　　　　　　　　　　　　　　　　　　　　会　計　　全経　和子

収入の部：	前 期 繰 越 金	［　238,300］		
	（会　費　収　入）	［　310,000］	● ［　548,300］	
支出の部：	（練 習 場 使 用 料）	［　240,000］		
	（大 会 参 加 費） ●	［　60,000］		
	（消 耗 品 費）	［　17,500］	● ［　317,500］	
	次 期 繰 越 金		● ［　230,800］	

第5問 (32点)

●印@4点×8＝32点

貸　借　対　照　表

全経商店　　　　　　　　　令和4年12月31日　　　　　　　　（単位：円）

資　　　産	金　　額	負債および純資産	金　　額
現　　　　　金	182,000	買　　掛　　金	276,000
普　通　預　金	410,000	借　　入　　金	● 1,200,000
売　　掛　　金	390,000	資　　本　　金	1,500,000
商　　　　　品	● 252,000	当　期　純（利　益）	● 103,000
貸　　付　　金	150,000		
建　　　　　物	750,000		
備　　　　　品	145,000		
土　　　　　地	800,000		
	3,079,000	●	3,079,000

損　益　計　算　書

全経商店　　　　　　令和4年1月1日～令和4年12月31日　　　　　（単位：円）

費　　　用	金　　額	収　　　益	金　　額
給　　　　　料	418,000	商　品　販　売　益	● 935,000
広　　告　　費	● 232,000	受　取　利　息	3,000
発　　送　　費	36,000		
交　　通　　費	35,000		
水　道　光　熱　費	44,000		
保　　険　　料	48,000		
支　払　利　息	22,000		
当　期　純（利　益）	● 103,000		
	938,000	●	938,000

第1問＜帳簿および帳簿記入についての出題＞

　帳簿および帳簿記入に関する基礎的な知識を文章の正誤判断を問うている。

１．取引の証拠となる領収書やそれを記録した帳簿などは，一定期間保管しなければならないため，誤り。

２．総勘定元帳の現金勘定を締め切る際に記入する次期繰越は，仕訳帳から転記して記入する内容ではないので，仕丁欄には「✓」（チェックマーク）を記入するため，正しい。

３．複式簿記は，仕訳帳への記入に基づいて総勘定元帳に転記するなど帳簿間に結び付きがあるため，誤り。

４．問題文のとおり，帳簿の金額欄で合計額または差し引き額を計算する場合には，計算に含める最後の金額の下に単線を引き，その下に計算結果を示すため，正しい。

第2問＜簿記の出発点である仕訳（複式記録）を問う出題＞

　帳簿記入のための手続きは，仕訳帳に記入することから始まる。そこでの仕訳とは，取引によって増減変化した資産，負債，純資産（資本），収益，費用の勘定科目を，金額と共に左側（借方）または右側（貸方）のいずれに記入するかを決定することである。ここでは基礎的な取引について仕訳の理解が問われている。

１．は，中央商店連合会の会員から会費を現金で受け取った取引である。受け取った現金（資産）の増加は借方，その受け取る原因となった会費収入（収益）の発生は貸方に記帳する。

２．は，中央商店連合会の事務所に対する家賃を支払った取引である。支払家賃（費用）の発生は借方，支払った現金（資産）の減少は貸方に記帳する。

３．は，中央商店連合会が保管する現金を銀行預金（普通預金）口座に預け入れた（入金した）取引である。保有していた現金（資産）の減少は貸方，預け入れ（入金）によって増加した普通預金（資産）の増加は借方に記帳する。

４．は，商品売買業者（宝飾品売買業）を設立した取引ある。会社にとって，出資されたことによる現金（資産）の増加は借方，その出資額である資本金（資本）の増加は貸方に記帳する。

５．は，商品売買業者（宝飾品売買業）が商品（ブローチ）を購入した取引である。購入による商品（資産）の増加は借方，その代金の一部として支払った現金（資産）の減少は貸方，後払いとした買掛金（負債）の増加は貸方に記帳する。

６．は，商品売買業者（宝飾品売買業）が商品（ブローチ）を販売した取引である。販売による商品（資産）の減少は貸方，後日代金を受け取る債権である売掛金（資産）の増加は借方に記帳する。また，商品の原価と売価の差額である商品販売益（収益）の発生は貸方に記帳する。

７．商品売買業者（宝飾品売買業）が銀行預金の通帳記入により，店舗の電気料金の支払を確認した取引である。水道光熱費（費用）の発生は借方，引き落とされた（支払った）ことによる普通預金（資産）の減少は貸方に記帳する。

８．商品売買業者（宝飾品売買業）が，前月に購入した商品（ルビー指輪）の掛け代金を支払った取引である。掛代金である買掛金（負債）の減少は借方，その支払いによる現金（資産）の減少は貸方に記帳する。

第3問＜日記帳から元帳への転記に関する出題＞

　帳簿の基本的な形は，日々の取引を記録する日記帳と，管理すべき単位（勘定）の記入簿（元帳）の2つである。

　本問では，日記帳としての仕訳帳に記入されている取引を，勘定科目がまとめられている元帳へ転記する手続きが問われている。転記は，仕訳された各勘定の口座の借方または貸方に日付（本問ではあらかじめ示されている），摘要，仕丁，金額を記入する。摘要欄には，借方に仕訳された勘定科目については貸方の勘定科目（相手勘定科目）を，貸方に仕訳された勘定科目は借方の勘定科目（相手勘定科目）を記入する。

　なお，【解答にあたっての注意】にあるように，指定された解答欄に適切な用語または数字を記入することに注意する。

第4問＜会計報告書（収支計算）の作成に関する出題＞

　会計期間の収支計算を示すことによって会計報告する場合には，前期繰越金から出発し，期中の活動による変動を経て，次期繰越金に至る過程を示す会計報告書を作成する。

　本問では，一会計期間の会計記録をまとめた試算表からバスケットボールサークルの会計報告書（報告式）を作成できるかが問われている。収入と支出それぞれにおいて各項目を記入した後には，それぞれの合計金額を記入する。そして，収入合計から支出合計を差し引いて，最後に次期繰越金の金額を記入する。解答に際しては，【解答にあたっての注意】にあるように，支出項目の配列は試算表の配列によることに注意する。

第5問＜会計報告書（損益計算）の作成に関する出題＞

　期末の会計報告は，期末の財政状態を示す貸借対照表と，当期の経営成績を示す損益計算書の2つの会計報告書を作成することによって行われる。

　本問では，与えられた元帳の各勘定科目の残高から損益計算書と貸借対照表を作成できるかが問われている。貸借対照表と損益計算書に計上する勘定科目は，解答用紙にあらかじめ示されているので，各勘定について元帳残高を適切に記入し，収益，費用，資産，負債と資本それぞれの合計金額を誤らないように計算することが大切である。そして，損益計算書における収益総額と費用総額の差額として当期純利益を計算し，そこで計算された当期純利益を期末資本（純資産）に加算した結果として，貸借対照表の資産総額と負債・純資産総額とが一致することを確認しなければならない。

第213回簿記能力検定試験
基礎簿記会計 解答

制限時間
【1時間30分】

第1問（12点） | @3点×4＝12点

	1	2	3	4
正誤記入欄	×	×	○	○

第2問（32点） | @4点×8＝32点

	借 方		貸 方	
	勘 定 科 目	金 額	勘 定 科 目	金 額
1	修 繕 費	89,000	現 金	89,000
2	通 信 費	6,300	現 金	6,300
3	普 通 預 金	4,200	受 取 利 息	4,200
4	現 金	50,000	運 送 料 収 入	50,000
5	商 品	700,000	買 掛 金	700,000
6	現 金 売 掛 金	50,000 200,000	商 品 商 品 販 売 益	210,000 40,000
7	普 通 預 金	150,000	売 掛 金	150,000
8	貸 付 金	500,000	普 通 預 金	500,000

第3問 （16点）　　　　　　　　　　　　　　　　　　　　　@4点×4＝16点

	（ア）		（イ）		（ウ）		（エ）
¥	245,000	¥	739,000	¥	884,000	¥	562,000

第4問 （8点）　　　　　　　　　　　　　　　　　　　　●印@2点×4＝8点

【解答にあたっての注意】　支出項目の配列は元帳の丁数の順によること。

将 棋 同 好 会 会 計 報 告 書
令和5年12月1日～令和5年12月31日

会　長　　全経　一郎
会　計　　大塚　花子

【 支 出 の 部 】　　　　　　　　　　　　　　　　【 収 入 の 部 】

項　　　　目	金　　額	項　　　　目	金　　額
（会 場 使 用 料）	● 12,800	前 月 繰 越 金	224,100
（用 具 購 入 費）	19,000	（会 費 収 入）	● 42,000
（消 耗 品 費）	1,300		
次 月 繰 越 金	● 233,000		
	266,100	●	266,100

第5問（32点）

精　算　表

勘 定 科 目	残 高 試 算 表		損 益 計 算 書		貸 借 対 照 表	
	借 方	貸 方	借 方	貸 方	借 方	貸 方
現　　　　金	293,000				293,000	
普 通 預 金	570,000				570,000	
売 　 掛 　 金	484,000				●484,000	
商　　　　品	719,000				719,000	
貸 　 付 　 金	300,000				300,000	
車 両 運 搬 具	400,000				●400,000	
備　　　　品	392,000				392,000	
買 　 掛 　 金		275,000				275,000
借 　 入 　 金		800,000				●800,000
資 　 本 　 金		2,000,000				2,000,000
商 品 販 売 益		860,000		●860,000		
受 取 利 息		9,000		9,000		
給　　　　料	326,000		326,000			
通 　 信 　 費	97,000		97,000			
水 道 光 熱 費	51,000		●51,000			
支 払 家 賃	240,000		240,000			
保 　 険 　 料	48,000		48,000			
支 払 利 息	24,000		24,000			
当 期 純 利 益			●83,000			83,000
	●3,944,000	3,944,000	869,000	869,000	●3,158,000	3,158,000

第1問＜帳簿への記録対象についての出題＞

　本問では，それぞれの出来事が，記帳の対象である取引（簿記上の取引）であるか否か判断することができるかを問うている。簿記上の取引は，資産，負債，純資産（資本），収益，費用が増減変化する出来事であるが，特に，学び初めには現金やその他の財産の増減を判断することが重要である。

1．自社ビルの修繕を依頼したのみであり，資産等は増減変化していないため，簿記上の取引ではない。

2．広告契約の締結のみであり，現金等の資産は増減しないため，簿記上の取引ではない。

3．商品の劣化に伴いこれを破棄したことによって，商品という資産が減少しているため，簿記上の取引である。

4．駐車料金の支払いによって，現金という資産が減少しているため，簿記上の取引である。

第2問＜簿記の出発点である仕訳（複式記録）を問う出題＞

　帳簿記入のための手続きは，仕訳帳に記入することから始まる。そこでの仕訳とは，取引によって増減変化した資産，負債，純資産（資本），収益，費用の勘定科目を，金額と共に左側（借方）または右側（貸方）のいずれに記入するかを決定することである。例えば，現金という資産の増加は借方に，減少は貸方に記入する。簿記上の取引は，必ず2つ以上の勘定科目を記録し，仕訳された借方と貸方のそれぞれの合計金額は一致する。

1．壁のひび割れの補修代金を支払った取引である。修繕費（費用）が¥89,000発生するため，借方に記入する。また，現金（資産）が¥89,000減少するため，貸方に記入する。

2．電話料金を支払った取引である。通信費（費用）が¥6,300発生するため，借方に記入する。また，現金（資産）が¥6,300減少するため，貸方に記入する。

3．銀行に預け入れている普通預金の利息を受け取った取引である。受取利息（収益）が¥4,200発生するため，貸方に記入する。また，普通預金（資産）が¥4,200増加するため，借方に記入する。

4．配送品の運送代金を受け取った取引である。運送料収入（収益）が¥50,000発生するため，貸方に記入する。また，現金（資産）が¥50,000増加するため，借方に記入する。

5．商品を代金後払いで購入した取引である。商品（資産）が¥700,000増加するため，借方に記入する。また，代金として将来に現金等で支払う約束である買掛金（負債）が¥700,000増加するため，貸方に記入する。

6．商品を現金と掛けで販売した取引である。商品（資産）が¥210,000減少するため，貸方に記入する。また，その対価として，現金（資産）が¥50,000増加するため，借方に記入する。残額である¥200,000は，将来に現金等で受け取る約束である売掛金（資産）として，借方に記入する。原価と販売価格の差額¥40,000は利益であり，商品販売益（収益）が発生するため，貸方に記入する。

7．売掛金を普通預金口座への入金によって回収した取引である。売掛金（資産）が¥150,000減少するため，貸方に記入する。また，普通預金（資産）が¥150,000増加するため，借方に記入する。

8．他店に資金を貸し付けた取引である。貸付金（資産）が¥500,000増加するため，借方に記入する。また，普通預金（資産）が¥500,000減少するため貸方に記入する。

第3問＜会計の構造に関する出題＞

　期首の貸借対照表を出発点として，期中に利益獲得のための経済活動が行われる。その結果が，期末の貸借対照表である。この貸借対照表では，期首や期末それぞれの時点における財政状態が表示され，「資産＝負債＋純資産（資本）…①」という等式が成り立つ。

　一方で，期中に行われる利益獲得のための経済活動の成果（経営成績）を表すのが損益計算書であり，「収益－費用＝当期純利益…②」の算式で利益が計算される。ここで計算された利益は期末純資産（資本）の増加の原因となる（当期純損失であれば減少の原因となる）。したがって，資本の追加出資や引き出しがないことを前提として「期首純資産（資本）＋当期純利益＝期末純資産（資本）…③」という算式が成り立つ。

　これらの関係から，期首の貸借対照表では①式により，期首負債（ア）を算出することができる（期首負債（ア）¥245,000＝期首資産¥728,000－期首純資産（資本）¥483,000）。一方，損益計算書では，②式によって当期収益（イ）が計算できる（当期収益（イ）¥739,000＝当期費用¥660,000＋当期純利益¥79,000）。続いて，③式から期末純資産（資本）（エ）が計算できる（期末純資産（資本）（エ）¥562,000＝期首純資産（資本）¥483,000＋当期純利益¥79,000）。最後に，期末の貸借対照表で，①式により期末資産（ウ）を算出する（期末資産（ウ）¥884,000＝期末負債¥322,000＋期末純資産（資本）¥562,000）。

第4問＜会計報告書（収支計算）の作成に関する出題＞

　1か月の収支計算を示すことによって会計報告を行う場合には，前月繰越金から出発し，報告する1ヶ月間の活動による変動を経て，次月繰越金に至ることを示す会計報告書を作成する。

　本問では，現金出納帳の記帳から将棋同好会の会計報告書（勘定式）を作成できるかを問うている。解答に際しては，【解答にあたっての注意】にあるように，複数ある支出項目については，指定された順番で記入することに注意する。

　解答欄の会計報告書は，収入と支出を左右に分けた勘定式となっている。収入の部には，前月繰越金¥224,100，当月の会費収入¥42,000が記入される。支出の部には，会場使用料¥12,800，用具購入費¥19,000，消耗品費¥1,300が記入される。その結果，次月繰越金¥233,000が算出されるので，支出の部にこれを記入し，報告書を締め切る。

第5問＜会計報告書（損益計算）の作成に関する出題＞

　精算表，貸借対照表，損益計算書といった会計報告書の作成と理解は，今後，簿記会計を学ぶ上での基礎として欠くことができない内容である。

　本問では，元帳記録から試算表が作成でき，作成した試算表から損益計算書と貸借対照表を作成できるかという一連の手続きを精算表の作成という形式で問うている。精算表は正式な決算手続きではないが，試算表から会計報告書作成までを1つの表にまとめたワークシートであり，決算の全容を把握するのに適している。

　解答にあたっては，まず，元帳残高にある勘定科目と金額から正しく残高試算表欄を作成しなければならない。各勘定残高は資産，負債，純資産（資本），収益，費用ごとに借方残高であるか，貸方残高であるかが決まっているので，それを誤ると正しい残高試算表を作成できない。残高試算表欄が完成したら，各勘定科目を貸借対照表欄と損益計算書欄に振り分けて，損益計算を行い，それぞれの欄において貸借の合計を記入する。なお，損益計算書欄と貸借対照表欄で算定される当期純利益の金額は¥83,000で一致する。

<h1 style="text-align:center">ご　注　意</h1>

① 本書は，「著作権法」によって，著作権等の権利が保護されている著作物です。無断で転載，複写されると，著作権等の権利侵害となります。上記のような使い方をされる場合には，あらかじめ当協会宛に許諾を求めてください。

② 本書の内容に関しては訂正・改善のため，将来予告なしに変更することがあります。
本書の内容について訂正がある場合は，ホームページにて公開いたします。
本書発刊後の法改正資料・訂正資料等の最新情報なども含みます。

③ 本書の内容については万全を期して作成いたしましたが，万一ご不審な点や誤り，記載漏れなどお気づきのことがありましたら，当協会宛にご連絡ください。
過去問題は，当該年度の出題範囲の基準により作成しています。本年度の検定試験は別表の出題範囲にあわせて問題作成いたします。

④ 落丁・乱丁本はお取り替えいたします。

⑤ 誤りでないかと思われる個所のうち，正誤表掲載ページに記載がない場合は，
・**「誤りと思われる内容**（書名／級段／施行回数／ページ数／第○問　等)」
・**「お名前」**　を明記のうえ**郵送またはメール**にてご連絡下さい。
回答までに時間を要する場合もございます。あらかじめご了承ください。
なお，正誤のお問い合わせ以外の書籍内容に関する解説・受験指導等は，一切行っておりません。

〒170−0004　東京都豊島区北大塚1−13−12
公益社団法人全国経理教育協会　検定管理課
ＵＲＬ：https://www.zenkei.or.jp/
メール：helpdesk@zenkei.or.jp

メールフォーム　　　　正誤表掲載ページ

簿記能力検定試験　第２０６回〜第２１３回　過去問題集　基礎簿記会計

━━━━━━━━━━━━━━━━━━━━━━━━━━━━━━━━━━━━━━

２０２４年４月１日　第十四版

編集・著作　　公益社団法人　全国経理教育協会
表紙・カバーデザイン　欧文印刷株式会社
印刷・製本　　　　　　欧文印刷株式会社

発　行　元　　　公益社団法人　全国経理教育協会
　　　　　　　　〒170-0004　東京都豊島区北大塚1-13-12

発　売　元　　　ネットスクール株式会社
　　　　　　　　〒101-0054　東京都千代田区神田錦町3-23
　　　　　　　　電話 03-6823-6458 (代表)

※氏名は記入しないこと。

| 会場コード |
| 受験番号 |

第206回簿記能力検定試験
基礎簿記会計 解答用紙

得 点
点

制限時間
【1時間30分】

第1問採点

第1問 (12点)

	1	2	3	4
正誤記入欄				

第2問採点

第2問 (32点)

	借　　方		貸　　方	
	勘 定 科 目	金　額	勘 定 科 目	金　額
1				
2				
3				
4				
5				
6				
7				
8				

第3問採点

第3問（16点）

現　　　金　　　　　　　　1

3/1　前　月　繰　越	2,292,000	3/(　) (　　　　) (　　　　)
(　) (　　　　) (　　　)		

貸　付　金　　　　　　　　4

3/1　前　月　繰　越	800,000	3/(　) (　　　) (　　　)

受　取　利　息　　　　　　12

	3/(　) (　　　) (　　　)

水　道　光　熱　費　　　　24

3/(　) (　　　) (　　　)	

第4問採点

第4問（8点）

【解答にあたっての注意】　支出項目の配列は試算表の配列によること。

バレーボール同好会会計報告書
自令和3年4月1日　至令和4年3月31日　　会　長　大塚　太郎
　　　　　　　　　　　　　　　　　　　　会　計　全経　和子

収入の部：	前　期　繰　越　金	[　　　　]	
	(　　　　　　)	[　　　　]	[　　　　]
支出の部：	(　　　　　　)	[　　　　]	
	(　　　　　　)	[　　　　]	
	(　　　　　　)	[　　　　]	[　　　　]
	次　期　繰　越　金		[　　　　]

第5問 （32点）

貸 借 対 照 表

全経電器　　　　　　　令和3年12月31日　　　　　　（単位：円）

資　　産	金　額	負債および純資産	金　額
現　　　　　金		買　掛　金	
普 通 預 金		借　入　金	
売　　掛　　金		資　本　金	
商　　　　品		当 期 純（　　）	
貸　　付　　金			
建　　　　物			
備　　　　品			
土　　　　地			

損 益 計 算 書

全経電器　　　　令和3年1月1日〜令和3年12月31日　　　　（単位：円）

費　　用	金　額	収　　益	金　額
給　　　　料		商 品 販 売 益	
広　　告　　費		受 取 利 息	
発　　送　　費			
交　　通　　費			
水 道 光 熱 費			
保　　険　　料			
支 払 利 息			
当 期 純（　　）			

※氏名は記入しないこと。

会場コード

受験番号

第207回簿記能力検定試験

基礎簿記会計 解答用紙

得 点
点

制限時間
【1時間30分】

第1問採点

第1問 （12点）

	1	2	3	4
正誤記入欄				

第2問採点

第2問 （32点）

	借　方		貸　方	
	勘　定　科　目	金　額	勘　定　科　目	金　額
1				
2				
3				
4				
5				
6				
7				
8				

第3問採点

第3問（16点）

（ア）	（イ）	（ウ）	（エ）
￥	￥	￥	￥

第4問採点

第4問（8点）

（　　　）には，勘定科目，＜　＞には，丁数，［　　　　］には，金額を入れること。

現　金　出　納　帳　　　　　　＜9＞

日付		摘　要 勘定科目		丁数	借方（収入）	貸方（支出）	有高（残高）
6	1	前 月 繰 越		✓	389,900		389,900
	5	管 理 費 6 月 分	（　　　　　）	＜　＞	［　　　　］		［　　　　］
	11	電 気 料 金	（　　　　　）	＜　＞		［　　　　］	［　　　　］
	23	玄 関 修 理 代 金	（　　　　　）	＜　＞		［　　　　］	［　　　　］

＜1＞　　　　　　　　　　　　　管　理　費　収　入

日付	摘　要	丁数	借　方	日付		摘　要	丁数	貸　方
				6	5	（　　　　　）	＜　＞	［　　　　］

＜7＞　　　　　　　　　　　　　水　道　光　熱　費

6/11　（　　　　　）　＜　＞　［　　　　　］

＜10＞　　　　　　　　　　　　　修　繕　費

6/23　（　　　　　）　＜　＞　［　　　　　］

第5問（32点）

精　算　表

勘定科目	残高試算表		損益計算書		貸借対照表	
	借方	貸方	借方	貸方	借方	貸方
現　　　　　金						
普 通 預 金						
売 　掛 　金						
商　　　　　品						
貸 　付 　金						
車 両 運 搬 具						
備　　　　　品						
買 　掛 　金						
借 　入 　金						
資 　本 　金						
商 品 販 売 益						
受 取 利 息						
給　　　　　料						
広 　告 　費						
通 　信 　費						
水 道 光 熱 費						
支 払 家 賃						
支 払 利 息						
当 期 純 利 益						

会場コード

受験番号

第208回簿記能力検定試験

基礎簿記会計 解答用紙

得 点
点

制限時間
【1時間30分】

第1問採点

第1問（12点）

	1	2	3	4
正誤記入欄				

第2問採点

第2問（32点）

	借 方		貸 方	
	勘 定 科 目	金 額	勘 定 科 目	金 額
1				
2				
3				
4				
5				
6				
7				
8				

第3問採点

第3問（16点）

（ア）	（イ）	（ウ）	（エ）
￥	￥	￥	￥

第4問採点

第4問（8点）

【解答にあたっての注意】　支出項目の配列は元帳の丁数の順によること。

マンション管理組合会計報告書
令和4年10月1日～令和4年10月31日

会　長　　全経　一郎
会　計　　大塚　花子

【 支 出 の 部 】　　　　　　　　　　　　　　　　　　　　　　　　【 収 入 の 部 】

項　　　目	金　　額	項　　　目	金　　額
（　　　　　　　　　　）		前 月 繰 越 金	
（　　　　　　　　　　）		（　　　　　　　　　　）	
（　　　　　　　　　　）			
次 月 繰 越 金			

第5問（32点）

精　算　表

勘 定 科 目	残 高 試 算 表		損 益 計 算 書		貸 借 対 照 表	
	借　方	貸　方	借　方	貸　方	借　方	貸　方
現　　　　金						
普 通 預 金						
売 掛 金						
商　　　品						
貸 付 金						
建　　　物						
備　　　品						
買 掛 金						
借 入 金						
資 本 金						
商 品 販 売 益						
受 取 利 息						
給　　　料						
通 信 費						
水 道 光 熱 費						
支 払 地 代						
保 険 料						
支 払 利 息						
当 期 純 利 益						

会場コード

受験番号

第209回簿記能力検定試験
基礎簿記会計 解答用紙

得　点
点

制限時間
【1時間30分】

第1問採点

第1問（12点）

	1	2	3	4
正誤記入欄				

第2問採点

第2問（32点）

	借　　方		貸　　方	
	勘　定　科　目	金　　額	勘　定　科　目	金　　額
1				
2				
3				
4				
5				
6				
7				
8				

第3問（16点）

```
                        現        金                         1
─────────────────────────────────────────────────────────────
2/ 1   前 月 繰 越    1,146,000  2/( ) (            ) (            )
                                     ( ) (            ) (            )


                        商        品                         6
─────────────────────────────────────────────────────────────
2/ 1   前 月 繰 越      673,000
   ( ) (            ) (            )


                        買    掛    金                       13
─────────────────────────────────────────────────────────────
2/( ) (            ) (            )  2/ 1   前 月 繰 越      567,000
                                       ( ) (            ) (            )


                        支  払  地  代                       28
─────────────────────────────────────────────────────────────
2/( ) (            ) (            )
```

第4問（8点）

【解答にあたっての注意】　支出項目の配列は試算表の配列によること。

ボードゲーム同好会会計報告書
自令和4年1月1日　至令和4年12月31日　　　会　長　大塚　太郎
　　　　　　　　　　　　　　　　　　　　　会　計　全経　和子

```
収入の部：  前 期 繰 越 金    [          ]

            (            )    [          ]    [          ]
                              ─────────────

支出の部：  (            )    [          ]

            (            )    [          ]

            (            )    [          ]    [          ]
                              ─────────────   ─────────────

            次 期 繰 越 金                     [          ]
                                              ─────────────
```

第5問採点

第5問（32点）

貸　借　対　照　表

全経商店　　　　　　　　　　令和4年12月31日　　　　　　　　　（単位：円）

資　　　　産	金　額	負債および純資産	金　　額
現　　　　　　金		買　　掛　　金	
普　通　預　金		借　　入　　金	
売　　掛　　金		資　　本　　金	
商　　　　　品		当　期　純（　　）	
建　　　　　物			
車　両　運　搬　具			
備　　　　　品			
土　　　　　地			

損　益　計　算　書

全経商店　　　　　　令和4年1月1日～令和4年12月31日　　　　（単位：円）

費　　　　用	金　額	収　　　益	金　　額
給　　　　料		商　品　販　売　益	
広　　告　　費			
発　　送　　費			
交　　通　　費			
水　道　光　熱　費			
支　払　利　息			
当　期　純（　　）			

※氏名は記入しないこと。

会場コード

受験番号

第210回簿記能力検定試験

基礎簿記会計 （解答用紙）

【禁無断転載】

得　点
点

制限時間
【1時間30分】

第1問 採点

第1問 （12点）

	1	2	3	4
正誤記入欄				

第2問 採点

第2問 （32点）

	借　　　方		貸　　　方	
	勘　定　科　目	金　　額	勘　定　科　目	金　　額
1				
2				
3				
4				
5				
6				
7				
8				

第3問採点

第3問（16点）

【解答にあたっての注意】　（　　　）には勘定科目，＜　＞には丁数，［　　　］には金額を入れること。

現　　　　金　　　　　　　　　　　　　　　　　　　＜1＞

日付		摘　要	仕丁	借　方	日付		摘　要	仕丁	貸　方
4	1	前 月 繰 越	✓	2,533,000	4	1	（　　　　　）	＜　＞	［　　　　　］
	10	（　　　　　）	＜　＞	［　　　　　］		4	（　　　　　）	＜　＞	［　　　　　］

売　　掛　　金　　　　　　　　　　　　　　　　　　　＜3＞

4/1　前 月 繰 越　✓　712,000	4/10	（　　　　　）　＜　＞　［　　　　　］

備　　　品　　　　　　　　　　　　　　　　　　　＜6＞

4/4　（　　　　　）＜　＞　［　　　　　］

保　険　料　　　　　　　　　　　　　　　　　　＜35＞

4/1　（　　　　　）＜　＞　［　　　　　］

第4問採点

第4問（8点）

【解答にあたっての注意】　支出項目の配列は元帳の丁数の順によること。

卓 球 サ ー ク ル 会 計 報 告 書
令和5年3月1日～令和5年3月31日　　　　　　　　会 長　　全経　花子
会 計　　大塚 一郎

【支 出 の 部】　　　　　　　　　　　　　　　　　　　　　　　　【収 入 の 部】

項　　　目	金　　額	項　　　目	金　　額
（　　　　　　　　）		前 月 繰 越 金	
（　　　　　　　　）		（　　　　　　　）	
（　　　　　　　　）			
次 月 繰 越 金			

第5問（32点）

精　算　表

勘 定 科 目	残 高 試 算 表		損 益 計 算 書		貸 借 対 照 表	
	借　方	貸　方	借　方	貸　方	借　方	貸　方
現　　　　　金						
普 通 預 金						
売 掛 金						
商　　　　品						
貸 付 金						
備　　　　品						
買 掛 金						
借 入 金						
資 本 金						
商 品 販 売 益						
受 取 利 息						
給　　　　料						
通 信 費						
水 道 光 熱 費						
支 払 家 賃						
保 険 料						
支 払 利 息						
当 期 純 利 益						

※氏名は記入しないこと。

| 会場コード |
| 受験番号 |

第211回簿記能力検定試験

基礎簿記会計 解答用紙

| 得　点 |
| 点 |

制限時間
【1時間30分】

第1問採点

第1問 （12点）

	1	2	3	4
正誤記入欄				

第2問採点

第2問 （32点）

	借　　方		貸　　方	
	勘　定　科　目	金　額	勘　定　科　目	金　額
1				
2				
3				
4				
5				
6				
7				
8				

第3問採点

第3問 （16点）

（ア）	（イ）	（ウ）	（エ）
¥	¥	¥	¥

第4問採点

第4問 （12点）

（　　　）には勘定科目，＜　＞には丁数，［　　　］には金額を入れること。

現 金 出 納 帳　　　　　　　　　　＜6＞

日付		摘　　　　　要		丁数	借方(収入)	貸方(支出)	有高(残高)
			勘 定 科 目				
6	1	前 月 繰 越		✓	743,500		743,500
	5	自治会費6月分	（　　　　　　）	＜　＞	［　　　　］		［　　　　］
	13	窓 修 理 代 金	（　　　　　　）	＜　＞		［　　　　］	［　　　　］
	17	集会所電話料金	（　　　　　　）	＜　＞		［　　　　］	［　　　　］

＜1＞　　　　　　　　　　　　会 費 収 入

日付	摘　　要	丁数	借　　方	日付	摘　　要	丁数	貸　　方
				6 5	（　　　　）	＜　＞	［　　　　］

＜4＞　　　　　　　　　　　　通 信 費

6/17　（　　　　　）＜　＞［　　　　］

＜7＞　　　　　　　　　　　　修 繕 費

6/13　（　　　　　）＜　＞［　　　　］

第5問採点

第5問 （28点）

貸借対照表

全経電器商店　　　　　　　　令和4年12月31日　　　　　　　（単位：円）

資　　産	金　額	負債および純資産	金　額
現　　　　　金		買　掛　　金	
普　通　預　金		借　入　　金	
売　　掛　　金		資　本　　金	
商　　　　　品		当　期　純（　　　）	
貸　　付　　金			
車　両　運　搬　具			
備　　　　　品			

損益計算書

全経電器商店　　　　令和4年1月1日～令和4年12月31日　　　　（単位：円）

費　　用	金　額	収　　益	金　額
給　　　　　料		商　品　販　売　益	
広　　告　　費		受　取　利　息	
発　　送　　費			
水　道　光　熱　費			
消　耗　品　費			
支　払　利　息			
当　期　純（　　　）			

※氏名は記入しないこと。

会場コード

受験番号

全3ページ ①

第212回簿記能力検定試験

基礎簿記会計 解答用紙

【禁無断転載】

得 点

点

制限時間
【1時間30分】

第1問 採点

第1問（12点）

正誤記入欄	1	2	3	4

第2問 採点

第2問（32点）

	借 方		貸 方	
	勘 定 科 目	金 額	勘 定 科 目	金 額
1				
2				
3				
4				
5				
6				
7				
8				

第3問採点

第3問（16点）

【解答にあたっての注意】　（　　　）には勘定科目，＜　＞には丁数，［　　　　］には金額を入れること。

現　　　金　　　　　　　　　＜1＞

日付		摘　　要	仕丁	借　　方	日付		摘　　要	仕丁	貸　　方
10	1	前 月 繰 越	✓	1,802,000	10	7	（　　　　　）	＜　＞	［　　　　　］
	5	（　　　　　）	＜　＞	［　　　　　］		11	（　　　　　）	＜　＞	［　　　　　］

売　　掛　　金　　　　　　　＜3＞

10/1	前 月 繰 越	✓	815,000	10/5	（　　　　　）	＜　＞	［　　　　　］

備　　　品　　　　　　　　　＜6＞

10/7	（　　　　　）	＜　＞	［　　　　　］	

通　　信　　費　　　　　　　＜24＞

10/11	（　　　　　）	＜　＞	［　　　　　］	

第4問採点

第4問（8点）

【解答にあたっての注意】　支出項目の配列は試算表の配列によること。

バスケットボールサークル会計報告書
自令和4年4月1日　至令和5年3月31日　　　　会　長　　大塚　太郎
　　　　　　　　　　　　　　　　　　　　　　会　計　　全経　和子

収入の部：	前 期 繰 越 金	［　　　　　］	
	（　　　　　）	［　　　　　］	［　　　　　］
支出の部：	（　　　　　）	［　　　　　］	
	（　　　　　）	［　　　　　］	
	（　　　　　）	［　　　　　］	［　　　　　］
	次 期 繰 越 金		［　　　　　］

第5問採点

第5問（32点）

貸 借 対 照 表

全経商店　　　　　　　　　　　令和4年12月31日　　　　　　　　　（単位：円）

資　　産	金　額	負債および純資産	金　額
現　　　　金		買　掛　金	
普 通 預 金		借　入　金	
売　　掛　　金		資　本　金	
商　　　品		当 期 純（　　）	
貸　付　金			
建　　　物			
備　　　品			
土　　　地			

損 益 計 算 書

全経商店　　　　　　令和4年1月1日～令和4年12月31日　　　　（単位：円）

費　　用	金　額	収　　益	金　額
給　　　料		商 品 販 売 益	
広　告　費		受 取 利 息	
発　送　費			
交　通　費			
水 道 光 熱 費			
保　険　料			
支 払 利 息			
当 期 純（　　）			

※氏名は記入しないこと。

| 会場コード |
| 受験番号 |

基礎簿記会計 解答用紙

| 得 点 |
| 点 |

制限時間
【1時間30分】

第1問採点

第1問 （12点）

	1	2	3	4
正誤記入欄				

第2問採点

第2問 （32点）

	借 方		貸 方	
	勘 定 科 目	金 額	勘 定 科 目	金 額
1				
2				
3				
4				
5				
6				
7				
8				

第3問採点

第3問（16点）

（ア）	（イ）	（ウ）	（エ）
¥	¥	¥	¥

第4問採点

第4問（8点）

【解答にあたっての注意】　支出項目の配列は元帳の丁数の順によること。

将 棋 同 好 会 会 計 報 告 書
令和5年12月1日～令和5年12月31日

会 長　全経 一郎
会 計　大塚 花子

【 支 出 の 部 】　　　　　　　　　　　　　　　　　　【 収 入 の 部 】

項　　目	金　額	項　　目	金　額
（　　　　　）		前 月 繰 越 金	
（　　　　　）		（　　　　　）	
（　　　　　）			
次 月 繰 越 金			

第5問（32点）

精　算　表

勘 定 科 目	残 高 試 算 表		損 益 計 算 書		貸 借 対 照 表	
	借　方	貸　方	借　方	貸　方	借　方	貸　方
現　　　　金						
普 通 預 金						
売 　掛 　金						
商　　　　品						
貸 　付 　金						
車 両 運 搬 具						
備　　　　品						
買 　掛 　金						
借 　入 　金						
資 　本 　金						
商 品 販 売 益						
受 取 利 息						
給　　　　料						
通 　信 　費						
水 道 光 熱 費						
支 払 家 賃						
保 　険 　料						
支 払 利 息						
当 期 純 利 益						